folio junior

Demain, je t'écrirai encore

Lettres de jeunesse de grands écrivains

Lettres rassemblées et présentées
par Marie-Ange Spire

Notes et Carnet de lecture
par Marie-Ange Spire

GALLIMARD JEUNESSE

Collection dirigée par Jean-Philippe Arrou-Vignod

Pour en savoir plus :
http://www.cercle-enseignement.fr

Au lecteur

Nos plus grands écrivains, quand ils étaient enfants, faisaient des fautes d'orthographe... comme tous les enfants. Pour conserver la spontanéité de ces lettres, nous avons choisi de les donner à lire dans leur orthographe et leur ponctuation d'origine, parfois fautives.

Amitiés, amours, rêves, nostalgies, révoltes et désillusions sont au cœur des lettres de ces enfants et de ces adolescents qui, comme Baudelaire, écrivent encore et encore, loin de se douter qu'un jour leur nom restera gravé dans la mémoire des hommes.

Tels des négatifs de photographie argentique, leur correspondance révèle progressivement la face cachée de ces auteurs en devenir. Parmi ces lettres, publiées le plus souvent à titre posthume, certaines, écrites dans l'insouciance de la jeunesse, résonnent tout particulièrement : et si ces enfants, ces adolescents d'un autre temps nous ressemblaient ?

Des premières lignes de celui qui apprend à écrire à celles de cet autre qui, un beau jour, réalise brutalement qu'il a basculé dans le monde des adultes, chacun trouve les mots qui souvent nous manquent pour exprimer nos émotions.

Lettre après lettre se construit, pour notre plus grand plaisir, le portrait intemporel d'un âge auquel chacun de nous a été confronté.

Chers parents

Lettre de George Sand, âgée de onze ans, à sa mère Mme Maurice Dupin

Nohant, le 24 février 1815

Oh oui, chère maman, je t'attends, je te désire et je meurs d'impatience de te voir ici. Mon Dieu ! Comme tu est inquiète de moi ! Rassure-toi chère petite maman, je me porte à merveille, je profite du beau temps, je me promène, je cours, je vas, je viens, je m'amuse, je mange bien, dors mieux encore et pense à toi plus encore.

Adieu chère maman, ne sois donc point inquiète. Je t'embrasse de tout mon cœur.

Aurore

Lettre de Marcel Aymé, âgé de sept ans, à sa sœur Suzanne

Villers-Robert, 19 décembre 1909

Cher petite Suzanne,

Je voi approcher Noël n'ayant pas son adresse tu voudras bien lui adresser ma lettre que s'il veut bien m'apporter ce que je voudrais :

Une boite de compas entouré de papillottes.

Je te serai reconnaissant si tu veux bien lui adresser ma lettre.

Maman Monamy[1] me charge de dire à tante Léa qu'elle lui apporte une boîte de pillules.

Maman a des poulets en cage ils sont bons à vendre.

Ont vous attend pour en manger dimanche.

J'ai reçu des nouvelles du papa. Il me dit qu'il ne pourra pas venir pour le jour de l'an il est trop occupé à distribuer de l'argent au pauvre. Rien de nouveau ici.

Au revoir cher petit Suzon.

Je vous embrasse tous les quatre.

Marcel

1. Maman Monamy : grand-mère maternelle de Marcel Aymé.

Lettre de Jean Cocteau, confié à l'âge de neuf ans à sa tante maternelle pendant un séjour de sa mère sur la Côte d'Azur

Vendredi, le 4 mars 1898

Ma chère maman,

Hier en rentrant de chez ma tante Marie j'ai trouvé ta lettre, qui m'a fait beaucoup de plaisir. Tu me dis que vous avez du mistral, nous nous avons aujourd'hui de la neige et de la pluie, cela fait un petit mélange je ne te dis que ça, et je profite de ce mauvais temps pour te répondre.

J'ai resté avec Pierre et Marianne[1] jusqu'après goûter et j'ai joué des quatre mains avec Marianne. Figure-toi qu'ils ont été voir le grand dîner chez les Godillot, où tout le monde était noir et déguisé, au dîner on mangeait la soupe dans les noix de coco et les verres, les carafes, les assiettes, etc., etc. étaient en bois. La salle à manger était tendue de paille et l'office était une petite hutte avec un crocodile dessus. Après les palmiers qui ornaient la salle à manger pendaient des plats de toutes sortes et il y avait des écriteaux qui indiquaient que chacun devait se servir soi-même.

1. Pierre et Marianne : ses cousins germains.

Au revoir ma chère maman, je t'embrasse bien fort, ainsi que bonne-maman, grand-père, Marthe et oncle André. Ton fils qui t'aime bien.

Jean Cocteau

Lettre de Mme de Staël, âgée de douze ou treize ans, à sa mère, Mme Necker

[Mi-mai 1778 ou 1779]

Ma chère maman,

Depuis que nous vous avons quittés, j'ai été aussi heureuse qu'il est possible de l'être loin de vous. C'est un bonheur bien restreint cependant. Si quelque chose peut remplir un peu ce grand vide dans mon cœur, c'est lorsqu'un autre sentiment bien moins fort (la comparaison serait déraisonnable) vient me rappeler avec douceur combien je vous aime. [...] C'est l'effet que produit sur moi toute la tendresse dont je suis susceptible pour les autres ; je la rapporte à vous comme un larcin que je vous fais, n'ayant pas assez de moi-même pour vous adorer ainsi que papa. [...]

Samedi est encore bien loin pour ne pas vous voir jusqu'à ce terme. Je ne vous parle sans cesse que de votre absence ; pardonnez : vous voulez que je vous dise tout ce que je pense. Loin de vous le chagrin de ne pas vous voir m'occupe sans cesse, et quand je jouis de ce plaisir, cette seule idée m'occupe. Oui, maman, quand je vivrais mille ans pour vous contempler, si vous retourniez un instant la tête, il me semble que j'en serais encore jalouse. Adieu, ma tendre maman. Au travers de toutes mes folies, daignez voir que vous êtes aimée comme… que dirai-je de plus fort que comme vous le méritez. Permettez-moi de vous embrasser mille fois, en vous serrant contre un cœur qui est à vous seule et à mon papa.

Je suis avec respect votre très humble et très obéissante fille.

P.-S. Nous vous envoyons les plus belles fleurs de notre jardin.

Necker

Lettre de Victor Hugo, âgé de douze ans, à sa mère

Lundi 16 mai 1814

Ma chère maman,

Depuis ton départ tout le monde s'ennuie de ne plus te voir, Mme Feuilly et Toinette se plaignent de ton absence. Nous allons très souvent voir M. et Mme Foucher, comme tu nous l'as dit. M. Foucher nous a proposé de suivre les leçons que M. Asseline donne à son fils. Nous l'avons remercié. Nous travaillons tous les matins au dessin et aux mathématiques. Une lettre cachetée de noir et adressée à Abel[1] est arrivée le soir du jour de ton départ. M. Foucher a promis de te la faire passer. Personne n'est venu nous demander. Hier dimanche, M. Foucher a eu la bonté de nous mener au Muséum et aux Tuileries. Il nous a fait aussi dîner chez lui.

Je n'ai plus rien à te marquer, je t'embrasse de tout mon cœur ainsi qu'Abel.

Adieu chère maman, porte-toi bien et écris à ton soumis et respectueux fils

Victor

P.-S. Ne sachant à qui donner nos billets, je te les renvoie dans ma lettre.

1. Abel : frère aîné de Victor Hugo.

Lettre de Marcel Proust, âgé de quinze ans, à sa grand-mère Nathé Weil

Hôtel de la Paix, Salies-de-Béarn,
août 1886

Ma chère grand'mère,

Je suis en ce moment en proie à un sentiment très complexe et que j'ai un peu honte d'analyser.

1° je suis très triste que tu ne sois pas ici parce que…

2° très content parce que…

Nous avons ici cinq plats au moins à chaque repas, entremets le matin, entremets le soir, enfin une cuisine divine et gargantuesque avec des quantités gigantesques et des raffinements délicieux dont les maigres châtelains d'Auteuil[1] se donnent à cœur joie.

Ce matin (je prends au hasard et j'ai moins englouti que d'habitude) j'ai mangé

un œuf à la coque
deux tranches de beefteak
cinq pommes de terre (entières)
un pilon de poulet froid
une cuisse de poulet froid

1. Les maigres châtelains d'Auteuil : Mme Proust et ses fils.

trois fois des pommes cuites avec jus extraordinaire

(À huit heures et demi café au lait et pain)

Je t'en prie ne montre cette lettre à personne, on verrait que le mangeur insatiable et raffiné y prime ou au moins y compense le lettré délicat. Mon cher Eugène[1] qui croit que ma bouche ne livre passage qu'à de doux ruisseaux de miel attique la verrait avec effroi dévorer des chairs succulentes. Il couvrirait difficilement son horreur de périphrases harmonieuses et fleuries en voyant le paisible lecteur d'Horace et de Virgile (j'espère que je choisis mes auteurs) se transformer en Pantagruel énorme. [...]

J'ai lu *Eugénie Grandet*, très beau, très triste mais variais-je mes épithètes à l'infini je ne dépasserai jamais un modeste très.

Belle dame je tous les jours, jusqui-ci histoire et latin ou grec ai fait. En suis à la 66e page Mignet[2]. M'intéresse beaucoup à c. lecture. Ai expliqué déjà 250 au moins vers de *Énéide*. Grec aussi. Et aussi style télégraphique d'une nommée Adélaïde Weilllllll[3] qui parle absolument comme petit Zoïc de ma chanson.

Belle marquise d'amour mourir sous vous veux mais point corriger lettre, incorrections

1. Eugène : le valet de chambre.
2. Mignet : historien.
3. Adélaïde Weilllllll : la grand-mère Weil.

grammaticales, d'idées, de style, ou d'écritures. Fé tro cho pour sla.

Bonçouar bel sovaj taché écri mieux françós.
Mersil Frans, adorab,
Fé trop cho pour sla.

Sarsé – –

Lettre de Charles Baudelaire, âgé de dix-huit ans, à sa mère

Mardi 16 juillet 1839

Ma chère mère, ma bonne maman, je ne sais que te dire, et j'ai toutes sortes de choses à te dire. D'abord je sens un grand besoin de te voir. Comme c'est différent d'être chez des étrangers – et ce ne sont pas précisément tes caresses et nos rires que je regrette, c'est je ne sais quoi qui fait que notre mère nous paraît toujours la meilleure des femmes, que ses qualités nous conviennent mieux que les qualités des autres femmes : il y a un tel accord entre une mère et son fils ; ils vivent si bien l'un à côté de l'autre de sorte que, ma foi, depuis que je suis chez M. Lasègue[1], je suis mal à mon aise. [...]

Certes ils sont plus heureux que nous. Chez toi j'ai vu des pleurs, des tracasseries pour mon père, des attaques de nerfs pour toi, eh bien, je *nous aime* mieux ainsi.

Et quand je sens en moi quelque chose qui me soulève, que sais-je ? un violent désir de tout embrasser, une peur de ne pas savoir acquérir de l'instruction, des craintes de la vie, ou bien simplement un beau couchant à la fenêtre, à qui le

1. M. Lasègue : répétiteur (professeur qui fait réciter la leçon) de Charles Baudelaire.

dire ? Tu n'es pas là, et mon ami de cœur non plus. [...]

Après tout, c'est peut-être un bien que j'aie vu des étrangers, j'aimerai mieux ma mère. C'est peut-être un bien d'avoir été dénudé et dépoétisé, je comprends mieux ce qui me manquait – c'est peut-être, comme on dit, un état de transition – pendant tout ce temps, tes lettres me faisaient de la peine, me mettaient encore plus mal à mon aise. – Néanmoins écris toujours ; j'aime tes lettres. Dans mes tristesses, je suis content de sentir l'amour de ma bonne mère se développer en moi ; c'est toujours ça. Dans ta réponse, parle-moi de mon père, longtemps. Je t'en prie, ne dis pas un mot de tout cela à M. Lasègue ; il est si bon que ça l'affligerait.

Charles

Lettre de George Sand, âgée de dix-sept ans, à sa mère, Mme Maurice Dupin

Nohant, 18 novembre 1821

Ma chère Mère,

J'ai lu avec autant d'attention que de respect, la lettre que vous avez eu la bonté de m'écrire et je ne me permettrais pas la moindre objection à vos reproches, si vous-même ne m'eussiez ordonné de le faire promptement ; j'obéis donc puisque vous l'exigez et si je réponds avec franchise à chacune de vos objections, gardez de douter, je vous en supplie, de ma tendresse et de mon respect.

Ma grand-mère étant si malade, dites-vous, *je la quitte pour courir les champs* ; je crois ma chère mère, que si depuis huit mois que ma grand-mère est dans le même état de langueur, je ne fusse point sortie, je serais moi-même presque aussi malade qu'elle.

Ma grand-mère est mille fois trop bonne, pour l'avoir souffert. Elle me rend la justice de sentir que ma situation est des plus tristes, qu'une jeune fille de dix-sept ans, ne peut passer constamment sa vie auprès d'une malade, elle sait aussi qu'à cet âge on a besoin d'exercice, et que ma présence continuelle ne lui serait d'aucune utilité. Vous me reprochez ma chère mère, de ne pas faire servir les talents que ma grand-mère a eu la bonté de me donner, à la distraire, à l'amuser. Je ne sais quelle est la personne qui vous a dit que je négligeais de remplir le devoir cher et sacré de soigner celle qui m'a élevée avec tant de bonté et de tendresse. Je ne crois pas avoir ce tort monstrueux à me reprocher, et j'ai la consolation au contraire, de recevoir chaque jour de mon excellente grand-mère des témoignages d'amour et d'affection qui me prouvent qu'elle est point mécontente de moi. Sans doute vous croyez que je passe ma vie à cheval pour me faire ce reproche, non, ma mère, quoiqu'en effet je prenne assez souvent l'exercice qui m'est nécessaire. Je ne vis point éloignée et je ne néglige point celle à qui je dois tant et à qui je consacrerais ma vie, s'il fallait la soigner. M. Deschartres[1], dites-vous, ma mère, est très répréhensible de me laisser livrée à moi-même, d'abord je prendrai la liberté de vous observer que M. Deschartres n'a, ni ne peut avoir aucune espèce d'autorité sur moi, et qu'il n'a d'autre droit auprès de moi que les conseils de l'amitié. Mais quand M. Deschartres aurait sur moi l'autorité d'un père, il ne l'employerait certainement pas à m'enfermer dans ma chambre ou à m'attacher à mes pas comme une bonne ou une gouvernante, il a assez bonne opinion de moi pour savoir que je n'ai pas besoin

1. M. Deschartres : précepteur de George Sand.

de cette surveillance, que la meilleure garde d'une jeune fille sont les sentiments de vertu et d'honneur qui sont dans mon cœur, et comme il sait qu'à cet égard, ma grand-mère n'a point négligé de me pénétrer de bons principes, il me voit sortir sans crainte, accompagnée d'une domestique lorsque ses affaires l'empêchent lui-même de me servir d'une compagnie plus agréable. Vous me reprochez aussi, ma mère, de n'avoir ni timidité, ni modestie, ni douceur, ou du moins si vous supposez que j'ai intérieurement ces qualités, vous êtes certaine que je ne les ai point à l'extérieur et que je n'ai ni décence, ni tenue ; pour me juger ainsi il faudrait me connaître et vous porteriez alors un jugement certain sur mes manières, mais j'ai auprès de moi une grand-mère qui, toute malade qu'elle est, m'observe avec assez de soins et de tendresse pour s'en être aperçue et qui n'aurait point négligé de me corriger si elle m'eût trouvé les manières d'un hussard ou d'un dragon. [...]

C'est une sottise, dites-vous, ma chère mère, que d'apprendre le latin. Je ne sais qui a pu vous dire que je me livrasse à cette étude, en tout cas on vous a trompée, car je ne le sais, ni ne l'apprends, mais quand je le ferais j'éprouve une extrême surprise que vous, ma mère, puissiez trouver mauvais que je m'instruisisse. Vous trouvez sans doute qu'il est pour une femme des occupations plus utiles et plus en rapport avec les soins intérieurs, qui sont les devoirs de son sexe[1]. Je le crois comme vous, ma mère, et si jamais je suis mère de famille, je crois que mes journées seront plus employées aux soins du ménage qu'à l'étude de l'ostéologie, mais à présent, quoique je règle la maison de ma grand-mère, il me reste tant de moments de loisir, que vous-même, j'en suis sûre, me blâmeriez de les perdre. Pourquoi faut-il qu'une femme soit ignorante ? Ne peut-elle être instruite sans s'en prévaloir et sans être pédante ? À supposer que j'eusse un jour des fils, et que j'eusse retiré assez de fruits de mes études pour les instruire, croyez-vous que les leçons d'une mère ne valent pas celles d'un précepteur ? Mais pour en venir là il faut être mariée et je ne trouverai, dites-vous, qu'un géant ou un poltron, en ce cas il se pourrait bien faire que je ne fusse point mariée, car je ne crois plus aux géants et je n'aime pas les poltrons. L'homme qui m'épouserait par peur serait sot, et moi une sotte de l'épouser. Je ne chercherai point un homme capable de devenir l'esclave de sa femme, parce qu'il serait un imbécile, mais je ne crois pas qu'un homme d'esprit pût trouver bon que sa femme fît la timide et la peureuse lorsqu'elle ne le serait point. Je n'excuse guère une femme qui a vraiment peur, parce qu'elle se livre à une faiblesse, mais je n'excuse nullement celle qui ne craint point mais qui fait

1. Les devoirs de son sexe : les devoirs propres à une femme.

semblant par affectation. Je serais dans ce cas en feignant d'être poltronne, et le mari qui trouverait bon que je fusse ridicule à ce point serait très ridicule lui-même. [...]

Adieu, ma chère mère, si dans cette lettre j'ai pris un ton plus respectueux que de coutume, j'espère que vous ne l'attribuerez point à une sotte humeur, mais il y a longtemps que je me fais reproche de vous tutoyer familièrement comme lorsque j'étais enfant. Croyez, je vous en supplie, que loin d'être irritée par vos réprimandes, je suis et je serai toujours prête à les recevoir avec reconnaissance et soumission toutes les fois que vous aurez la bonté de me les adresser. Croyez à l'inaltérable tendresse et au profond respect de votre fille.

Vivement la fin de l'école !

Lettre de Charles Baudelaire, âgé de douze ans, à son frère Alphonse

Lyon, 25 mars 1833

Mon frère,

Grande rumeur au collège. Un maître a frappé un élève jusqu'à lui donner des maux de poitrine. Il est extrêmement malade et ne peut se lever. Je te vais tout raconter. Cet élève, au bout d'une demi-heure d'étude ne comprenant pas son devoir, avait fait passer des billets pour le savoir. Le pion l'ayant découvert lui dit des sottises selon son ordinaire. L'autre fit encore passer un billet pour lequel fut donner une roulée à laquelle l'élève riposta quelques coups de pied. Le pion voulant terminer cette lutte d'un seul coup lui donne un coup de pied dans les reins. Le tambour bat pour le souper. L'élève se met à son rang ordinaire, le pion le fait passer à la queue en lui disant qu'il n'était pas digne d'aller avec les autres. En revenant du souper il le met dans le charbonnier pour la même raison. De temps en temps il venait le claquer; l'élève avait les reins en déconfiture, il ne pouvait lui résister. On se couche. Deux jours après, sortie. Je rentre le soir et l'on m'apprend que cet élève est à l'infirmerie, ne pouvant plus se soutenir et qu'il est tombé en défaillance dans les rangs. L'infirmière est résolue à tout faire pour qu'il s'en aille, mais ce n'est pas encore sûr comme il est bien *coco*[1] auprès du proviseur.

Nous lui avons fait un tel charivari dans la cour que le proviseur l'a entendu de son appartement. Alors ce *pion* riait de ce qu'on faisait pour lui, mais il riait *jaune*. Je suis dans les *mutins*. Je ne veux pas être de ces *lèche-culs* qui craignent de déplaire aux pions.

Vengeance sur ceux qui ont abusé de leurs droits. C'était une inscription des barricades de *Paris*[2]. S'il ne s'en va pas, nous faisons mettre un article sur Le courrier de Lyon. Adieu. Bonsoir. Bien des choses de la part de papa, maman, de moi pour tout le monde et pour toi particulièrement.

Le mutin cadet,

Charles

Les lettres que tu m'as écrites étant chez maman, j'ai encore oublié ton numéro.

1. Coco auprès du proviseur : chouchou du proviseur.
2. Inscription des barricades de Paris : inscription qui évoque la Révolution de 1830 où le peuple criait vengeance contre les ministres de Charles X.

Lettre de Jules Renard, âgé de dix-sept ans, à son père

Paris, le 3 décembre 1881

C'est à peu près comme si nous étions morts.

Au fait, les changements se font rares. Cela ne va pas mieux en philosophie : peut-être ne suis-je pas né pour elle. Nous avons composé dernièrement. Les places ne sont jamais définitives, mais j'aurai bien de la peine à me mettre dans la première moitié. De longue date nous savons qu'une place ne prouve rien ; pourtant l'appréciation d'un professeur peut-être considérée. La voici à peu près : « Je vous trouve entier dans cette feuille : une certaine finesse d'esprit, mais toujours obscur, ce qui vous donne ce rang inférieur. Vous soulevez trop de questions à la fois, ce qui vous empêche d'en traiter une à fond. Vous prenez un chemin trop long pour arriver au but, ce qui rompt l'unité du sujet. En résumé, il faut *vous mettre au régime et à la clarté*. J'ai beaucoup d'estime pour votre composition, mais je n'ai à considérer que le résultat. »

En somme, si l'on débarrasse ce jugement de ses adoucissements inévitables, on peut en tirer cette conclusion : j'aurai de la peine à sortir de là. La philosophie n'est pas mon fait ; preuve que la philosophie ne prouve rien, et j'aime assez que tout soit prouvé. Si on veut aller trop au fond, on se perd, et l'esprit devient ténébreux peut-être parce que l'analyse anéantit la lumière apparente en la dispersant. La vérité n'est que relative. Le monde n'est qu'une illusion. Sots qui voulez l'expliquer, vous perdez votre vie.

L'habitude de faire des dissertations entraîne. Bref, la vanité de la science vous jette à larges flots l'irrésolution.

Continuons pourtant. Pour chasser l'ennui, il faut n'y plus penser.

Je dépense, cette année, une assez grande activité. Où me mènera-t-elle ? Je fais de tout. J'envoie même des articles non signés à un journal de province qui les imprime avec conviction ; non des articles politiques, s'entend, car, outre que je n'y comprends rien, la politique ne m'amuse pas, mais des dissertations sur n'importe quoi ou n'importe qui. Ce sera peut-être un jour ma seule ressource. Et puis, on passe une heure, le dimanche matin, à aligner des mots sonores. C'est une heure de gagnée, mot de la fin.

Je me suis fait, et pour cause, rembourser le prix de mes bottines. À quelque titre qu'on te réclame ce remboursement, comme avance, par exemple, ne sois pas étonné. C'était d'ailleurs convenu entre nous, et nécessité oblige.

Je vais à Passy quelques fois.

Je reçois ta lettre à l'instant. Je réponds à ta question : comment se porte mon porte-monnaie ? Il y a déjà quelque temps que je me suis fait rembourser les 20 francs, et, si tu tardes à venir, eux ne tarderont pas à s'épuiser.

Lettre de Sigmund Freud, âgé de dix-sept ans, à son ami Emil Fluss

Vienne, 16 juin 1873, de nuit

Cher ami,

Si je n'avais honte d'écrire le plus lamentable mot d'esprit de notre siècle plaisantin, je pourrais dire à juste titre : « Le bac est mort, vive le bac. » Mais ce mot d'esprit me plaît si peu que j'aimerais mieux que la seconde partie fût déjà passée. Non sans remords secrets ni pincements de cœur, j'ai gaspillé toute une semaine après les épreuves et suis en train, depuis hier, de rattraper le temps perdu en comblant mille lacunes remontant loin dans le temps. Vous n'avez jamais voulu me croire quand je m'accusais de paresse, mais je vous assure qu'il y a quelque chose de vrai, je le sais mieux que vous.

Votre curiosité, concernant ce bac, devra se contenter d'un plat froid ; elle arrive trop tard, le repas terminé. Il ne m'est plus possible de vous livrer une description pathétique de toutes les espérances, incertitudes, frayeurs, gaietés, subites illuminations et inexplicables coups de chance que l'on se raconte entre « collègues ». En outre, l'écrit a déjà trop peu d'intérêt pour moi. Je ne veux pas vous en communiquer le résultat ; il va sans dire que j'ai eu tantôt de la chance, tantôt de la malchance ; en des occasions aussi importantes, la Providence bienveillante et le mauvais sort sont toujours de la partie. De tels événements tranchent sur le cours ordinaire des choses. Bref, comme je ne prétends pas vous passionner avec des choses si peu excitantes, j'ai obtenu, pour les cinq épreuves, les notes *excellent*, *bien*, *bien*, *bien*, *assez bien*. Tout a été enrageant au possible. En latin, nous avons reçu un passage de Virgile que, par hasard, j'avais lu pour mon plaisir pas mal de temps auparavant, ce qui m'a induit à travailler rapidement, en n'utilisant que la moitié du temps qui nous était accordé, et fait rater la note « très bien ». Un autre a décroché « très bien », j'ai été second avec « bien ». Le thème latin[1] avait l'air très facile, mais cette facilité dissimulait sa difficulté ; nous n'y consacrâmes qu'un tiers de temps disponible, ce qui eut pour résultat un échec lamentable ; donc : « assez bien ». Deux autres sont arrivés à « bien ». La version grecque, qui portait sur un passage d'*Œdipe roi* long de trente-trois vers, nous réussit mieux ; « bien », le seul qui fut accordé. Là aussi, j'avais déjà lu ce passage pour moi-même et n'en ai pas fait mystère. L'épreuve de mathématiques, que nous avions abordée avec crainte et

1. Thème latin : traduction d'un texte français en latin.

tremblement, fut une réussite totale; je me donne « bien » parce que je ne connais pas encore la note exacte. Enfin, ma composition allemande se vit estampillée de la note « excellent ». Son sujet était hautement moral : « De quelles considérations faut-il tenir compte dans le choix d'une profession ? » et j'écrivis à peu près ce que je vous avais écrit il y a deux semaines, sans que vous m'eussiez gratifié alors d'un « excellent ». Mon professeur m'affirma à cette occasion – et c'est le premier homme qui se hasarda à me dire une chose pareille – que je possédais ce que Herder nomme si joliment un style *idiotique*, c'est-à-dire à la fois correct et caractéristique. Ce fait m'a rudement surpris et je ne manque pas de faire connaître l'heureux événement, le premier en son genre, partout à la ronde. À vous, par exemple, qui ne vous êtes jamais douté que vous échangiez des lettres avec un styliste allemand. Je vous donne donc ce conseil, en tant qu'ami, dans un esprit désintéressé : conservez ces lettres, faites-en un paquet, gardez-les – on ne sait jamais. [...]

Je n'ai pu malheureusement écrire pendant la journée; dans vingt-trois jours viendra ce jour, le plus long de tous[1], où, etc. Comme durant ce court laps de temps, il me faut puiser la science à grands coups de cuillère, il ne me reste aucune possibilité

1. Le jour le plus long de tous : jour des épreuves finales du baccalauréat.

d'écrire des lettres communément intelligibles. Je m'en console en songeant que je ne m'adresse pas à un esprit commun, et demeure, en conservant toutes sortes d'attentes.

Votre Sigmund Freud

Lettre de Jean Cocteau, âgé de dix-sept ans, qui prépare la deuxième session de son baccalauréat chez son professeur M. Dietz en Bretagne

Le 3 sept. 1906

Ma maman chérie,

Je commence tout à fait à m'habituer à ma vie et si ton éloignement n'était pas là pour m'amener une grande cause de tristesse, ce serait sinon parfait du moins possible.

Ce matin M. Dietz a constaté en version (qu'il me fait particulièrement piocher) un sensible progrès et il n'y a que quatre jours ! Je suis bien installé dans ma chambre. C'est sur sa table couverte de toile cirée que je t'écris.

De doux rêves m'ont visité cette nuit mais malheureusement aussi les puces, chose qui m'a occasionné d'amères réflexions sur la Bretagne en général et les Bretons en particulier. Couvert des traces de ces animaux j'ai gardé à leur égard une rage sereine selon la loi des disciples… d'Épicure (c'est le cas de le dire).

En ce moment nous sommes dietz… pardon : dix à table et la famille du garde qui habite à part vient se joindre au nombre.

Hier excursion. Château fort en ruines…

escalier croulant de vétusté, lierres et meurtrières… fosse d'aisance… (parfaitement du temps) et fosses pas d'aisance du tout, autrement dit oubliettes (ce qui n'empêche que c'est dans les premières qu'en ce temps-là on… s'oubliait !).

Nous déjeunâmes sur l'herbe et après une sieste de deux heures nous reprîmes (quel style à la haute) la route du Val-André.

Le soleil ayant brillé la brume tomba.

C'est à la fois un spectacle dangereux et ravissant. Toute cette blancheur qui unit les verdures en une teinte indifférente et les estompe… Toute cette buée qui fait disparaître en des formes légères la ligne de l'horizon… Tombe sur vous comme une pluie et pénètre les vêtements jusqu'à la peau… heureusement… de caoutchouc… Voilà et nous sommes sauvés !

Dimanche nous fûmes à l'église et ensuite à la mer… Dans la première nous vîmes un bedeau, dans la seconde, nous en vîmes beaucoup.

… Les coins de rochers sont vraiment très dangereux aussi, un bateau anglais porteur d'une cargaison de charbon est venu s'y jeter ce matin et il m'a réveillé des hurlements lamentables de la sirène en détresse.

À propos de réveiller, t'ai-je dit l'heure habituelle de mon lever ? Non… Devine… inutile d'ailleurs tu ne trouverais jamais, *cinq heures et demie*. Oui-da, yéda… comme ils disent ici, et on n'a droit de se coucher qu'à dix heures et demie…

Ce manque de sommeil n'est pas très bon, affaiblit un peu, et sans paresse je n'en suis pas très partisan.

Ah ! il faut que je fasse ma physique. Je t'embrasse aussi fort que je peux… ma petite mère chérie. Écris-moi vite et surtout n'oublie pas de m'envoyer une grammaire (enfantine la plus simple qui soit).

Je t'embrasse.

Jean

Lettre d'André Gide, âgé de dix-neuf ans, à Pierre Louÿs, poète et ami

La Roque, samedi 25 août 1888

Ami Louis,

Ma lettre se fait bien attendre ; c'est que, vois-tu, mes journées sont si pleines que je trouve à peine un instant pour songer à la correspondance.

Je te louerais si tu n'étais au-dessus de toute louange, puis, toi qui lis les *Maximes*[1], tu dois savoir qu'il n'est pas de louanges que les autres nous adressent que notre cœur ne se soit déjà données.

Je te disais, donc, que mes journées étaient fort remplies ; au moins, ne crois pas que ce soit par le travail. Je laisse dormir paisiblement mes livres de classe ; pour mon baccalauréat, je ne m'en inquiète pas plus que si je l'avais passé, mais songe un peu à ce qui me reste de temps quand je me suis donné comme tâche de flâner pendant quatre heures, de lire pendant quatre autres, de *musizieren*[2] pendant trois, de me promener pendant une et demie, de causer pendant une, de manger pendant une et demie et de dormir pendant vingt-quatre !

1. *Maximes* : ouvrage de La Rochefoucauld paru en 1664.
2. *Musizieren* : « Faire de la musique » en allemand.

Ce que je lis ne doit pas te déplaire : c'est du Renan, du Murger, du Flaubert, du Michelet, du Goethe, du Pascal et d'un auteur qui vient de mourir et que tu ne dois point encore connaître, de Nisard[1].

Pour la musique, j'apprends par cœur tout Beethoven, tout Bach et tout Chopin.

Je fais de la photographie avec rage et bien d'autres choses encore.

Je t'écris une lettre stupide dans le seul espoir d'en recevoir une réponse ; tes lettres me font grand plaisir, mais quelle petite bière à côté de la conversation.

Au revoir, vieux copain ; je serai content de te revoir, fût-ce dans la maison même de Lui.

A. Gide

1. Nisard : auteur d'une histoire de la littérature.

Confidences pour confidences

Lettre de Gustave Flaubert, âgé de dix-huit ans, à son ami Ernest Chevalier

Rouen, 23 juillet 1839

Si je t'écris maintenant, mon cher Ernest, ne mets pas cela sur le compte de l'amitié mais plutôt sur celui de l'ennui. Me voilà chié en classe à 6 heures du matin ne sachant que faire et ayant devant moi l'agréable perspective de quatre heures pareilles car notre nouveau censeur ne veut nous laisser sortir qu'à 10 heures et je compose… en vers latins ! ! ! ! ! ! ! Ah nom de Dieu, quand serai-je quitte de ces bougres-là ? Heureux le jour où je foutrai le collège au diable. Heureux trois fois heureux, *ter quaterque beatus* celui qui comme toi en est sorti. Mais encore un an, et après… en route ! Sur laquelle ? Je n'en sais rien, mais je voguerai loin de cette galère, et c'est tout ce que je demande maintenant.

Il y a pourtant bientôt un an que nous ne nous sommes vus. Cela est long. Dis-moi quand tu viendras à Rouen passer quelques jours avec nous. Nous recommencerons nos usuelles promenades sur les coteaux, la pipe à la bouche, tout seuls, parlant dans les champs. Tu me diras toute ta vie de cette année, tes joies et tes ennuis. Ce que tu as fait. Nous nous verrons un peu face à face et moi qu'aurai-je à te dire ? Rien, presque rien. Ma vie est vide, mon cœur ne l'est pas moins. [...]

Tout à toi mon vieux.

Pardonne moi l'ennui que ma lettre t'a procuré, la maladie est contagieuse.

Lettre d'Arthur Rimbaud, âgé de seize ans, à Georges Izambard, son professeur

Charleville, le 2 novembre 1870

Monsieur,
– À vous seul ceci –

Je suis rentré à Charleville un jour après vous avoir quitté. Ma mère m'a reçu, et je suis là… tout à fait oisif. Ma mère ne me mettrait en pension qu'en janvier 71.

Eh bien ! j'ai tenu ma promesse.

Je meurs, je me décompose dans ma platitude, dans la mauvaiseté, dans la grisaille. Que voulez-vous, je m'entête affreusement à adorer la liberté libre, et… un tas de choses que « *ça fait pitié* », n'est-ce pas ? – Je devais repartir aujourd'hui même ; je le pouvais : j'étais vêtu de neuf, j'aurais vendu ma montre, et vive la liberté ! – Donc je suis resté ! je suis resté ! – et je voudrai repartir encore bien des fois. – Allons, chapeau, capote, les deux poings dans les poches, et sortons ! – Mais je resterai, je resterai. Je n'ai pas promis cela. Mais je le ferai pour mériter votre affection : vous me l'avez dit. Je la mériterai.

La reconnaissance que je vous ai, je ne saurais pas vous l'exprimer aujourd'hui plus que l'autre jour. Je vous la prouverai. Il s'agirait de faire quelque chose pour vous, que je mourrais pour le faire, – je vous en donne ma parole. – J'ai encore un tas de choses à dire…

Ce « sans-cœur » de
A. Rimbaud

Lettre de Stendhal, de son vrai nom Henri Beyle, âgé de vingt-deux ans, à Pauline Beyle, sa sœur

Marseille, 20 août 1805

Ta lettre est charmante pour moi, ma chère Pauline, et pour tout autre elle serait sublime. Ce qui me charme surtout c'est cette peinture naturelle et profonde d'un caractère sublime et touchant. C'est précisément ce que tu voulais ôter. Ne fais donc plus cette faute de jugement qui te fait croire que les endroits les moins intéressants de tes lettres sont ceux où tu parles de toi. C'est une excessive modestie qui te porte à cette erreur. D'abord pour moi, tu sais, ils sont les plus intéressants. Pour le public, si tes lettres étaient destinées à être publiées, ils le seraient encore ; ces endroits développent un grand caractère mêlé à une profonde sensibilité, et c'est ce qui touche le plus.

Le reste de tes lettres ne serait intéressant qu'à proportion de ce qu'il y aura de *toi* dedans, enfin ce qui ne serait que simple récit serait indifférent en général au public, parce que le hasard ne t'a pas encore rendue témoin d'événements bien intéressants. Plus on creuse avant dans son âme, plus on ose exprimer une pensée plus secrète, plus on tremble lorsqu'elle est écrite : elle paraît étrange et c'est cette étrangeté qui fait son mérite. C'est pour cela qu'elle est originale et si d'ailleurs elle est vraie, si vos paroles copient bien ce que vous sentez, elle est sublime. Écris-moi donc exactement ce que tu sens.

Il y a un écueil dans cette habitude qu'il faut prendre. On ne se trouve pas assez d'esprit pour peindre juste ce qu'on sent, et, convenant du principe, on se conduit comme si on ne le croyait pas. C'est une erreur, il faut écrire indifféremment dans tous les moments. Par exemple, jamais je ne fus moins disposé à écrire que dans ce moment-ci. J'ai travaillé comme un diable tout le matin à copier des lettres horriblement cochonnées pour les pensées, et pour le style. Ensuite j'ai lu un quart d'heure un livre horriblement enflé (c'est-à-dire dont les expressions exagèrent les pensées et les sentiments de l'auteur). Ce défaut est le pire de tous à mes yeux ; c'est celui qui éloigne le plus la sensibilité. Il ne faut écrire que lorsqu'on a des choses grandes ou profondément senties à dire avec le plus de simplicité possible. Comme si l'on prenait à tâche de les empêcher d'être remarquées. C'est le contraire de ce que font tous les sots de ce siècle, mais c'est ce qu'ont fait tous les grands hommes.

B.

Lettre de Marcel Proust, âgé de dix-sept ans, à son ami Jacques Bizet

[Vers mai ou juin 1888]

Mon cher Jacques,

J'ai très besoin de ton amitié. J'ai beaucoup d'ennuis, ma famille est très mal pour moi. Je crois que je vais être envoyé comme interne en province. Veux-tu être mon réservoir ? Ma seule consolation quand je suis vraiment triste est d'aimer et d'être aimé. Et c'est vraiment toi qui réponds à cela, le toi qui a eu tant d'ennuis au commencement de l'hiver, le toi qui m'a écrit l'autre jour une lettre exquise.

Je t'embrasse et t'aime de tout mon cœur.

Marcel

Lettre de Sigmund Freud, âgé de dix-sept ans, à son ami de jeunesse Eduard Silberstein

Vienne, 16 août 1873

Cher ami,

Cette fois j'ai été moins ponctuel qu'à l'ordinaire, parce que je me suis chargé d'occupations qui me menacent de me dévorer toute la sainte journée. Tu apprendras avec beaucoup d'admiration que le matin j'étudie le français avec Braun[1] et l'après-midi la philosophie avec le même. [...]

Je crois que ma mère va bientôt quitter Roznau et j'aimerais savoir quand ta famille le fera aussi. [...]

Si Mme Lipska te propose d'attendre la majorité de sa fille pour devenir son gendre, ne refuse pas tout à fait, mais regarde bien l'orpheline qui, je crois, doit être aussi à Roznau. Si elle crie beaucoup et a une bonne voix haute, ce sera une honnête jeune fille, digne de ton amour. Même si elle crie trop, cela ne devrait pas te rebuter ; au bout de quelques années, tu pourras parler d'une voix argentine et nommer petit ange la propriétaire de cette clochette d'argent.

1. Braun : il s'agit de Heinrich Braun (1854-1927), condisciple de Freud.

Hier, comme j'ai dû endurer pendant une heure une obscurité égyptienne, n'ayant à ma disposition ni briquet ni allumette, incapable d'autre part, comme s'exprime le livre de Job[1], de commander à la foudre de faire de la lumière, j'ai composé par pur dépit le dialogue suivant qui se situe dans la sphère de la lumière et que je te livre tel que je m'en souviens.

Grande avenue céleste. Une étoile s'adresse à l'autre.

A. – Pardon, pour aller jusqu'à la Petite Ourse ?

B. – Ah, cela fait un joli bout de chemin. Vous êtes sans doute étranger ? Veuillez m'accompagner, mon chemin passe tout près.

A. – Je vous remercie. C'est la première fois que je suis ici. (Ils font ensemble à peu près trois parsecs[2].) Le grand volcan à travers lequel je fume d'habitude s'est éteint. Brr, il fait sacrément froid.

B. – Vous arrivez sûrement de l'équateur. Que n'êtes-vous venu, fût-ce simplement un millénaire plus tôt ; je suis également éteint.

A. – Éteint. Je vous plains de tout mon cœur (il lui donne une poignée de main). Qu'avez-vous fait dans cette situation ?

B. – (Reprenant sa main brulée.) Aïe, aïe !

1. Job : sans doute allusion au personnage biblique qui porte ce nom.
2. Parsecs : contraction de « parallaxe-seconde », unité de longueur utilisée en astronomie.

Voyez-vous, tant qu'on possède quelque chose, on peut vivre indépendant, mais ensuite c'en est fait de la liberté individuelle. J'ai dû me placer comme serviteur, je suis devenu satellite du soleil pour pouvoir subsister. Moi une étoile de quatrième magnitude, qui ai jeté de la lumière et du feu que le Seigneur s'en frottait les mains de plaisir !

A. – Voilà qui est affreux. Votre service n'est-il pas trop pénible, au moins ?

B. – On n'a pas le moindre égard pour moi. En mille ans, je n'ai jamais eu le droit de faire moins de dix parsecs. Comme je traînaillais quand j'étais mon propre maître ! À présent, je me lève avec le soleil et, par le plus grand froid, je dois suivre mon impitoyable maître, que je vois à peine à l'œil nu, jusqu'à ce qu'il lui plaise de se coucher.

A. – Révolution ?

B. – Quatre-vingt-un ans et demi, et pendant cette courte période je dois parcourir un énorme chemin.

A. – Le seigneur Dieu n'a-t-il pas pitié de vous ?

B. – Qui ? Lui ? Il est l'exactitude même. J'allais donner mon congé, quand il m'a fait savoir par l'archange saint Michel que je devais accompagner le soleil pendant au moins encore cinquante-quatre éons[1], avant d'avoir le droit de quitter son

1. Éon : intervalle de temps géochronologique. Le premier éon, qui commence avec la formation de la Terre et se termine au moment où la vie apparaît, couvre quatre milliards d'années.

service. Ensuite, je ne suis pas certain du tout de trouver encore une place ; le luxe a été poussé au dernier degré, le Soleil possède 4 563 satellites, Jupiter 8, Vénus 3, et la Terre, cette bête, ne peut en prendre plus d'un. J'ai quand même songé à émigrer au-delà de la Voie lactée. Mais me laisser attacher une courte queue comme une comète ? Non, très peu pour moi ; une planète qui se respecte, dit le Seigneur Dieu, reste sur son orbite.

A. – Pourtant, aujourd'hui vous avez le temps de vous entretenir avec moi ?

B. – C'est que, voyez-vous, la Sainte Vierge arrive aujourd'hui. Alors ils ont décidé de s'accorder tous un jour férié et le soleil, mon gracieux maître, m'a aussi donné congé.

A. – La Sainte Vierge ? Comment cela ? N'a-t-elle pas quitté la Terre depuis... dix-huit siècles ?

B. – Assurément, mais elle n'est arrivée qu'aujourd'hui. Elle a eu du mauvais temps sur sa route, la foudre a failli la frapper lorsqu'elle était à mi-chemin. Alors elle a fait le signe de croix, et la foudre est tombée sur la terre, où, je crois bien, elle a incendié un clocher.

A. – Dommage. N'est-ce pas la terre ici ?

B. – Si, mais prenez garde de ne pas vous approcher trop près, c'est dangereux... (L'astre étranger chancelle un moment, puis perd son équilibre et tombe sur la Terre en étoile filante.) Dieu du ciel, voilà qui n'a pas traîné ! Un de ces maudits astronomes lui aura tiré dessus, et moi, j'ai dépassé mon congé ! (Il s'en va à une vitesse planétaire.)

Moralité : si c'est la vie des astres, de quoi nous plaindrions-nous ?

Si mon badinage te déplaît, ne le relis pas.

Au demeurant, je t'assure de mon immuable amitié ainsi que de ma très mauvaise humeur et t'abandonne, l'âme tranquille, à la science et à la galanterie, qui se disputent ta personne comme le bon et le mauvais esprit se disputent le chasseur sauvage. [...]

Recommande-moi à ceux qui pensent du bien de moi et ne parle pas de moi à ceux qui ne peuvent me souffrir.

Ton Sigmund Freud

Premier amour

Lettre de Stéphane Mallarmé, âgé de vingt ans, à Maria Gerhard, jeune fille dont il est tombé amoureux

Sens, samedi 28 juin 1862

Mademoiselle,

Pardonnez-moi ce tour : hier et avant-hier, sans le savoir et involontairement, vous m'en avez joué qui sont assez jolis.

Avant-hier, je vous croyais anglaise, et j'avais écrit, dans le meilleur anglais que je susse la plus belle lettre qu'on pût rêver : j'ai reconnu mon erreur en vous quittant et j'ai été forcé de tout déchirer.

Voici pour le premier.

Pour le second, il est drôle encore. Sachant que vous deviez revenir dans l'île, je m'y suis promené prudemment une ou deux fois, et pour ne point éveiller l'attention, j'ai dessiné sur un album le clocher de l'église, regardant le plus souvent du côté où je comptais vous voir que du côté du clocher – moi qui de ma vie n'avais touché à un crayon !

Mais c'est assez sourire.

Vous avez dû voir, à mes fréquentes stations à la porte du lycée et à la manière dont je vous contemplais dimanche à la cathédrale que vous n'étiez pas sans avoir fait sur moi une impression sérieuse.

Si vous avez compris cela, c'est quelque chose déjà, mais ce n'est rien auprès de la vérité.

Voici trois mois que je vous aime violemment, et plusieurs jours que je vous idolâtre plus éperdument encore.

Accueillerez-vous cet amour ?

Soyez assez charmante pour me répondre avant de brûler cette lettre : – si vous consentez à me laisser vous aimer, je serai ivre de joie : si vous refusez, je serai heureux encore de souffrir pour vous et par vous.

Vous voyez qu'il me faut une réponse, et vous me la donnerez, n'est-ce pas ? Demain ? Car je préfère même la tristesse d'un refus à ma vieille espérance qui, à force de se prolonger indéfiniment, est bien voisine du désespoir. Du reste, que vous m'aimiez ou non, vous ne saurez m'empêcher de vous aimer dans mon cœur, et mélancoliquement.

Adieu, ange ; croyez en moi : soyez certaine que tout ce que vous venez de lire est écrit par un homme d'honneur et de cœur, et pardonnez-moi de vous adorer.

Du reste, qui est coupable de mon amour ? C'est vous, ô charmante : et ce sont ces yeux sur lesquels je dépose d'avance un baiser plein d'espoir, – ces yeux qui me souriront demain, n'est-ce pas ?

À vous, à jamais.

SM

Si vous ne pouvez pas me remettre à quatre heures ces quelques mots qui seront ma sentence, mettez-les ce soir à la poste, avec cette adresse : « Monsieur S. M., à poste restante, Sens. » Je prendrai la lettre demain. Je vous verrai demain à la procession de Saint-Pierre et à celle du faubourg d'Yonne.

Lettre de Victor Hugo, âgé de dix-huit ans, à Adèle Foucher, une amie d'enfance qui deviendra sa femme en 1822

Vendredi, 25 février 1820

Maintenant que nous sommes réconciliés, mon Adèle, j'espère que tu me diras quels sont mes torts envers toi et pour quels motifs tu paraissais hier soir si mécontente de ton mari[1]. Je ne veux pas revenir sur une soirée qui a été bien pénible pour moi puisque, privé du plaisir de te voir, après avoir été forcé de déguiser sous une gaîté affectée la peine que me causait ton absence, je ne t'ai point trouvée à ton retour de chez Mlle Rosalie, telle que je m'attendais à te voir. Il faut que tu m'aies retiré en grande partie ton affection pour m'avoir retiré ta confiance, et le peu de mots que tu m'as dit relativement à tes lettres m'a trop fait voir que tu doutais (pour ne pas dire plus) de ma loyauté et de ma bonne foi. Si tu ne m'aimes plus, dis-le-moi. Je pense qu'il doit t'être affreux de *te perdre* (j'emploie ici tes expressions) pour un malheureux qui t'est devenu indifférent. Écoute, Adèle, il en est temps encore, tu peux parler, je te rendrai, quoique bien à regret, les papiers qui paraissent t'inquiéter; tu

1. Victor Hugo signe dès la première lettre adressée à Adèle Foucher « ton mari ».

seras libre alors de faire disparaître toutes les traces de notre union, et moi, je cesserai de te voir, si je ne puis cesser de t'aimer. Peut-être alors, mon inviolable silence, pendant le temps qu'il me restera à vivre, te convaincra de ma discrétion et de ma bonne foi. Voilà, si tu ne m'aimes plus, le parti qu'il est de mon *devoir* de prendre.

Cependant, mon Adèle, si je puis espérer d'après les derniers mots que tu m'as adressés hier au soir, que tu n'as pas encore perdu toute estime et toute amitié pour ton mari, je t'invite à réfléchir un instant avant d'adopter ce parti, si désolant pour moi. Je dis plus, j'aime à croire que l'aversion que tu m'as montrée hier n'avait peut-être que des motifs légers et qui ne peuvent empêcher notre réconciliation d'être durable. J'ai sans doute moi-même manifesté quelque humeur de ton absence, et mon mécontentement (mal fondé mais excusable) a pu provoquer le tien. Ta lettre, si douce et si confiante, achève de me calmer. Plus je la relis, et plus j'espère.

Adieu, ma chère, ma toujours chère Adèle, le temps me manque pour t'en écrire davantage. Songe à tes promesses et décide si je dois ne plus être pour toi qu'un étranger ou rester ce que je suis ton mari fidèle.

V.-M. Hugo

P.-S. Réponds-moi de vive voix, quand je te verrai, si tu hésites encore à me répondre par écrit. Il est bien cruel pour moi de te faire une pareille recommandation… Adieu. Surtout porte-toi bien.

Lettre d'Arthur Rimbaud, âgé de dix-neuf ans, à Paul Verlaine

Londres, vendredi après-midi, 4 juillet 1873

Reviens, reviens, cher ami, seul ami, reviens. Je te jure que je serai bon. Si j'étais maussade avec toi, c'est une plaisanterie ou je me suis entêté, je m'en repens plus qu'on ne peut dire. Reviens, ce sera bien oublié. Quel malheur que tu aies cru à cette plaisanterie. Voilà deux jours que je ne cesse de pleurer. Reviens. Sois courageux, cher ami. Rien n'est perdu. Tu n'as qu'à refaire le voyage. Nous revivrons ici bien courageusement, patiemment. Ah ! je t'en supplie. C'est ton bien d'ailleurs. Reviens, tu ne trouveras toutes tes affaires. J'espère que tu sais bien à présent qu'il n'y avait rien de vrai dans notre discussion. L'affreux moment ! Mais toi, quand je te faisais signe de quitter le bateau, pourquoi ne venais-tu pas ? Nous avons vécu deux ans ensemble pour arriver à cette heure-là ! Que vas-tu faire ? Si tu ne veux pas revenir ici, veux-tu que j'aille te trouver où tu es ?

Oui c'est moi qui ai eu tort.
Et tu ne m'oublieras pas, dis ?
Non tu ne peux pas m'oublier.
Moi je t'ai toujours là.

Dis, réponds à ton ami, est-ce que nous ne devons plus vivre ensemble ?

Sois courageux. Réponds-moi vite.

Je ne puis rester ici plus longtemps.

N'écoute que ton bon cœur.

Vite, dis si je dois te rejoindre.

À toi toute la vie.

Rimbaud

Vite, réponds : je ne puis rester ici plus tard que lundi soir. Je n'ai pas encore un penny, je ne puis mettre ça à la poste. J'ai confié à Vermersch tes livres et tes manuscrits.

Si je ne dois plus te revoir, je m'engagerai dans la marine ou l'armée.

Ô reviens, à toutes les heures je repleure. Dis-moi de te retrouver, j'irai, dis-le-moi, télégraphie-moi – Il faut que je parte lundi soir, où vas-tu, que veux-tu faire ?

Rêves de célébrité

Lettre d'Arthur Rimbaud, âgé de dix-sept ans, à M. Théodore de Banville, poète français

Charleville, le 24 mai 1870

Cher Maître,

Nous sommes aux mois d'amour ; j'ai presque dix-sept ans[1], l'âge des espérances et des chimères, comme on dit – et voici que je me suis mis, enfant touché par le doigt de la Muse, – pardon si c'est banal, – à dire mes bonnes croyances, mes espérances, mes sensations, toutes ces choses des poètes – moi j'appelle cela du printemps.

Que si je vous envoie quelques-uns de ces vers, – et cela en passant par Alph. Lemerre, le bon éditeur, – c'est que j'aime tous les poètes, tous les bons Parnassiens, – puisque le poète est un Parnassien, – épris de la beauté idéale ; c'est que j'aime en vous, bien naïvement, un descendant de Ronsard, un frère de nos maîtres de 1830, un vrai romantique, un vrai poète. Voilà pourquoi. – C'est bête, n'est-ce pas, mais enfin ?...

Dans deux ans, dans un an peut-être, je serai à Paris. – *Anch'io*[2], messieurs du journal, je serai Parnassien ! – Je ne sais ce que j'ai là... qui veut

1. Rimbaud se vieillit un peu, il a en réalité quinze ans et sept mois.
2. *Anch'io* : « moi aussi », en italien.

monter… – je jure, cher Maître, d'adorer toujours les deux déesses, Muse et Liberté.

Ne faites pas trop la moue en lisant ces vers :

… Vous me rendriez fou de joie et d'espérance, si vous vouliez, cher Maître, *faire faire* à la pièce *Credo in unam* une petite place entre les Parnassiens,

… Je viendrais à la dernière série du Parnasse: cela ferait le Credo des poètes !… – Ambition ! ô Folle !

Arthur Rimbaud

Lettre de Jules Renard, âgé de vingt ans, à son père

Paris, 1884

Je n'ai rien de bien précis à t'annoncer.

J'ai vu hier soir, M. Ordonneau, rédacteur au *Gaulois*[1]. C'est un homme simple et affable. Il m'a fait toutes les observations qu'on peut faire en pareille circonstance.

Dix journaux à peine, m'a-t-il dit, sont assez riches pour payer leurs rédacteurs, ce qui fait environ cent journalistes payés. Toutes les places sont prises ; pour en obtenir une, il faut compter autant sur le hasard que sur son propre mérite. Vos débuts seront lents. Vous êtes heureux d'avoir le nécessaire pour vivre. Un journal de théâtre vient de se fonder. J'essaierai de vous y faire entrer, mais ne comptez sur aucune rétribution. Si je trouve des demandes de leçons, une place de secrétaire vacante, je vous ferai signe. Revenez me voir dans six ou huit jours, et pardonnez-moi de jeter sur votre jeunesse un peu d'eau froide.

Là-dessus, il a à peine lu quelque chose de moi, m'a déclaré que ce n'est pas mal, un peu sérieux, mais je dois avouer qu'il m'a semblé que son visage

1. *Le Gaulois* : journal fondé en 1868, célèbre en son temps.

indiquait le contraire. En résumé, j'ai beaucoup à faire, mais je suis décidé à tout faire. Prends patience le plus possible. Je n'aurai jamais à m'ennuyer.

Je ne me suis adressé à aucun avoué. Cela ne vaut absolument rien.

Je pourrai écrire à un bureau d'agence, qui me chercherait des leçons ; je préfère attendre un peu.

Ma pension est de 79,50 francs. J'ai fait quelques achats nécessaires. Ma chambre me semble un palais.

Adieu. Prends patience, et sois confiant.

Lettre d'Honoré de Balzac, âgé de vingt-deux ans, à sa sœur, Laure Surville à Bayeux

Villeparis, le 15 août 1821

Ma chère sœur,

Petite scélérate, tu ne m'écris pas, comme si dans Bayeux il n'y avait plus ni encre ni papier ! Que les ports des lettres à me faire supporter ne t'effrayent pas. J'ai l'espoir de devenir riche à coups de romans. Quelle chute ! Pourquoi faut-il que je n'aye pas mille cinq cents livres de rente, pour pouvoir travailler d'une manière glorieuse ! Enfin il faut s'indépendantiser, je n'ai que cet ignoble moyen-là : salir du papier et faire gémir la presse. Cinq cents francs par mois font six mille francs par an, et, pour les gagner, il ne s'agit que de faire un chapitre tous les matins. Si j'ai une place, je suis perdu, et M. Nacquart en cherche une. Je deviendrai un commis, une machine, un cheval de manège qui fait ses trente ou quarante tours, boit, mange et dort à ses heures ; je serai comme tout le monde. Et l'on appelle vivre, cette rotation de meule de moulin, ce perpétuel retour des mêmes choses ! Encore si quelqu'un jetait sur cette froide existence un charme quelconque. Je n'ai point encore eu les fleurs de la vie, et je suis dans la seule saison où elles s'épanouissent. Qu'ai-je besoin de la fortune et de ses jouissances quand j'aurai soixante ans ? Est-ce, quand on ne fait plus rien que d'assister à la vie des autres, et que l'on n'a plus que sa place à payer, qu'il est nécessaire d'avoir les habits des acteurs ? Un vieillard est un homme qui a dîné, et qui regarde ceux qui arrivent en faire autant. Or, mon assiette est vide, elle n'est pas dorée, la nappe est terne, les mets insipides. J'ai faim, et rien ne s'offre à mon avidité ! Que me faut-il ? Des ortolans, car je n'ai que deux passions : l'amour et la gloire, et rien n'est encore satisfait, et rien ne le sera jamais !

Outre cela, je suis coudoyé, enchaîné, pas libre, adieu, je devrais te parler de la soirée, mais je ne t'aurais donné qu'une idée bien imparfaite de ce qui s'y est fait.

Adieu donc !... Mille amitiés à Surville.

Honoré

Cher Maître

Lettre de Paul Verlaine, âgé de quatorze ans, à Victor Hugo

Paris, le 12 X^{bre} 1858

Monsieur,

Pardonnez-moi si je prends la liberté de vous dédier des vers : c'est que, me sentant quelque goût pour la poésie, j'éprouve le besoin de m'en ouvrir à un maître habile, et à qui pourrais-je mieux qu'à vous, monsieur, confier les premiers pas d'un élève de quatrième, âgé d'un peu plus de quatorze ans, dans l'orageuse carrière de la poésie ?

LA MORT

Telle qu'un moissonneur, dont l'aveugle faucille
Abat le frais bleuet, comme le dur chardon ;
Telle qu'un plomb cruel, qui dans sa course brille,
Siffle, et, fendant les airs vous frappe sans pardon :

Telle l'affreuse mort sur un dragon se montre,
Passant comme un tonnerre au milieu des humains,
Renversant, foudroyant tout ce qu'elle rencontre
Et tenant une faulx dans ses livides mains.

Riche, vieux, jeune, pauvre, à son lugubre empire
Tout le monde obéit ; dans le cœur des mortels
Le monstre plonge, hélas ! ses ongles de vampire !
Il s'acharne aux enfants, tout comme aux criminels :

Aigle fier et serein, quand du haut de ton aire
Tu vois sur l'univers planer ce noir vautour,
Le mépris (n'est-ce pas plutôt que la colère)
Magnanime génie, dans ton cœur, à son tour ?

Mais, tout en dédaignant la mort et ses alarmes,
Hugo, tu t'apitoies sur les tristes vaincus ;
Tu sais, quand il le faut, répandre quelques larmes,
Quelques larmes d'amour pour ceux qui ne sont plus.

P. Verlaine

Si vous voulez bien, monsieur, me faire l'honneur de me répondre, adressez ainsi votre lettre :

Monsieur
Paul Verlaine, rue Truffaut, 28
À Batignolles,
près Paris

Lettre de Guy de Maupassant, âgé de vingt-trois ans, à Gustave Flaubert

Paris, ce mardi soir [24 juin 1873]

Cher Monsieur et ami,

J'ai reçu ce matin votre petit mot et j'ai été dans la journée chez M. Carvalho que j'ai trouvé. Il a paru étonné en apprenant que vous n'aviez pas reçu de lettre de lui et m'a affirmé qu'il vous avait écrit dimanche soir. Il vous enverra une nouvelle lettre demain, pour vous dire que son intention est de partir de Paris samedi matin pour passer la journée avec vous.

Je n'ai que le temps de fermer cette lettre et de la porter au chemin de fer pour qu'elle parte ce soir. Je vous écrirai d'ici à quelques jours pour causer un peu avec vous comme je le faisais ici chaque dimanche. Nos causeries de chaque semaine étaient devenues pour moi une habitude et un besoin et je ne puis résister au désir de bavarder encore un peu par lettre, je ne vous demande pas de me répondre bien entendu, je sais que vous avez autre chose à faire ; pardonnez-moi cette liberté, mais en causant avec vous il me semblait souvent entendre mon oncle que je n'ai pas connu mais dont vous et ma mère m'avez si souvent parlé et que j'aime comme si j'avais été son camarade ou son fils, puis le pauvre Bouilhet que j'ai connu celui-là et que j'aimais bien aussi.

Il me semble voir vos réunions de Rouen[1]. Et je regrette de n'avoir pas été avec tous ceux-là au lieu d'être avec les amis de mon âge *qui n'ont pas une idée de ce qui existe.*

Pardon du griffonnage. – Veuillez croire à mon affection la plus dévouée et la plus vive.

Guy de Maupassant

1. Allusion à des dîners littéraires organisés par Flaubert.

Lettre de Charles Baudelaire, âgé de dix-neuf ans, à Victor Hugo

Paris, mardi 25 février 1840

Monsieur,

Il y a quelque temps, je vis représenter *Marion de Lorme* ; la beauté de ce drame m'a tellement enchanté et m'a rendu si heureux que je désire vivement connaître l'auteur et le remercier de près. Je suis encore un écolier et je commets une impertinence sans exemple ; mais j'ignore tout à fait les convenances de ce monde et j'ai pensé que cela vous rendrait indulgent à mon égard. – Les éloges et les remerciements d'un étudiant doivent peu vous toucher, après ceux que vous ont prodigués tant d'hommes de goût. Vous vous êtes sans doute montré à tant de gens que vous devez peu vous soucier d'attirer près de vous un nouvel importun. – Pourtant, si vous saviez combien notre amour, à nous autres jeunes gens, est sincère et vrai – il me semble, (peut-être est-ce bien de l'orgueil) que je comprends tous vos ouvrages. Je vous aime comme j'aime vos livres ; je vous crois bon et généreux, parce que vous avez entrepris plusieurs réhabilitations, parce que loin de céder à l'opinion, vous l'avez souvent réformée, fièrement et dignement. J'imagine qu'auprès de vous, Monsieur, j'apprendrais une foule de choses bonnes et grandes ; je vous aime comme on aime un héros, un livre, comme on aime purement et sans intérêt toute belle chose. Je suis peut-être bien hardi de vous envoyer bon gré mal gré ces éloges par la poste ; mais je voudrais vous dire vivement, simplement, combien je vous aime et je vous admire, et je tremble d'être ridicule. Cependant, Monsieur, puisque vous avez été jeune, vous devez comprendre cet amour que nous donne un livre pour son auteur, et ce besoin qui nous prend de le remercier de vive voix, et de lui baiser humblement les mains ; à dix-neuf ans, eussiez-vous hésité à en écrire autant à un écrivain dont votre âme eût été éprise, à M. de Chateaubriand par exemple ? Tout cela n'est pas assez bien dit, et je pense mieux que ma lettre ; mais j'espère qu'ayant été jeune comme nous, vous devinerez tout le reste qu'une démarche si nouvelle, si inusitée ne vous choquera pas trop ; et que vous daignerez m'honorer d'une réponse : je vous avoue que je l'attends avec une impatience extrême.

Que vous ayez ou non cette bonté, recevez le témoignage d'une reconnaissance éternelle.

Ch. Baudelaire,
59, rue de Lille

Face aux violences de l'Histoire

Lettre de Jacques Vaché, âgé de vingt ans, à André Breton

(Jacques et son ami poète se sont rencontrés à Nantes alors qu'ils étaient tous deux internes dans un centre médical.)

5 juillet 1916

Cher ami,

J'ai disparu de la circulation nantaise brusquement et m'en excuse – Mais M. le ministère de la Guerre (comme ils disent) – a trouvé indispensable ma présence au front dans un délai très bref... et j'ai dû m'exécuter.

Je suis attaché en qualité d'Interprète aux troupes britanniques. – Situation assez acceptable en ce temps de guerre, étant traité comme un officier – cheval, bagages variés et ordonnance – Je commence à sentir le Britannique (la laque, le thé et le tabac blond).

Mais tout de même, tout de même, quelle vie ! Je n'ai (naturellement) personne à qui parler, pas de livres à lire, et pas le temps à peindre – En somme redoutablement isolé – I say, Mr the Interpreter – Will you... Pardon, la route pour ? Have a cigar, sir ? – Train de ravitaillement, habitants, maire et billet de logement – Un obus qui affirme et de la pluie, la pluie, la pluie, pluie – de la pluie – deux cents camions automobiles à la file, à la file – à la file…

En total, je suis repris du redoutable ennui (voir plus haut) des choses sans aucun intérêt – Pour m'amuser – J'imagine – Les Anglais sont en réalité des Allemands, et je suis au front avec eux, et pour eux – Je fume à coup sûr un peu de « touffiane », cet officier « au service de Sa Majesté » va se transformer en androgyne ailé et danser la danse du vampire – en bavant du thé-au-lait. – Et puis je vais me réveiller dans un lit connu et je vais aller décharger des bateaux – avec vous à côté de moi – brandissant le bâton à électricité… […]

Oh ! Assez ! assez ! et même trop – un complet noir, un pantalon à pli, des vernis corrects – Paris – étoffes rayées – pyjamas et livres non coupés – où va-t-on ce soir ? nostalgiques choses mortes avec l'Avant-guerre – Et puis – quoi après ? ? Nous allons rire, n'est-ce pas ? […]

Je m'ennuie, cher ami – vous voyez – mais je vous ennuie aussi et je m'arrête ici après réflexion.

Rappelez-vous que j'ai (et je vous prie d'accepter cela) une bonne amitié pour vous – que je tuerai d'ailleurs – (sans scrupules peut-être) – après vous avoir indûment dévalisé de probabilités incertaines…

Je vous demande maintenant sérieusement de m'écrire… […]

Je salue le peuple polonais[1] selon les rites et je vous donne le souvenir le meilleur de J.T.H.[2]

P.-S. – Je relis ma lettre, et la trouve – en somme – incohérente – et bien mal écrite – Je m'en excuse poliment.

Dont acte.

J.T.H.

1. Je salue le peuple polonais : le peuple polonais est un surnom donné à son ami Théodore Fraenkel.
2. Ces initiales font référence à un pseudonyme, Tristan Hilare, choisi par Jacques Vaché pour publier ses premiers poèmes dans un journal contestataire, *Le Canard sauvage*.

Lettre de Paul Éluard, âgé de vingt et un ans, à sa mère

Aux armées, le 28 juillet 1916

Reçu une lettre de toi, ma petite mère chérie et deux photos de papa. Il est très bien surtout comme pose.

Mes parents chéris, vous devez savoir que, avec quelqu'un, avec ma future épouse, je vous aime plus que tout au monde.

Je prie vingt fois par jour pour que Dieu me pardonne bien tous mes égarements et ne m'y laisse plus retomber. Ma nature s'adoucira.

Je suis très calme, très sage ici. Mais seul, le canon est insupportable. Quand il est en furie, c'est très pénible de se sentir à l'abri, tandis que d'autres, si près, se font massacrer. On pense à toute la misère qui est si proche. Je suis de garde au bureau. Le roulement ne cesse pas et toutes les 2 minutes, trois coups énormes secouent la baraque.

Petite mère, il faut bien penser que Dieu donne un sort admirable à ceux qui se font tuer par soumission – et dont la mort est horrible – et qui la méprisent pour affronter pareil bouleversement.

Il faut bien te soigner. J'ai peur que, nous partis,

tu ne manges pas assez. Il faut te faire des bifsteacks, te coucher *très tôt*, te lever tard. Songe au sort qui m'attendrait si moi, par exemple, je ne voulais pas me soigner. Fais-le pour nous deux, bientôt nous trois qui t'aimons tant, pauvre petite maman si bonne, que j'ai tant fait pleurer.

Gala[1] écrit qu'elle télégraphiera de Londres puis de Dieppe l'heure de l'arrivée. Elle dit de lui choisir un hôtel mais je lui écris que tu iras la chercher à la gare et que tu l'emmèneras chez nous. Là, vous vous entendrez.

Moi je pense que le mieux sera de lui chercher une chambre à côté d'un arrêt du Jardin des Plantes, dans le faubourg Saint-Denis par exemple (ou entre La Chapelle et la gare du Nord). Une chambre dans notre quartier, ce ne serait pas sûr pour rentrer le soir à pied et il vaut mieux qu'elle rentre chez elle par le tram. [...]

Mais tu as encore le temps. Elle partira le 20 août russe, ce qui fait le 1er septembre français et arrivera vers le 12-15 septembre. Elle voyagera avec quelqu'un.

Veux-tu prendre le carton qui contient toutes mes lettres – et mon sous-main. Tu fouilleras partout, sans lire – et tu brûleras toutes les lettres que tu sais. Inutile de fouiller dans celles qui portent le timbre russe. J'ai une absolue confiance en toi. Je

1. Gala : à l'âge de dix-sept ans, Éluard a rencontré en Suisse, dans un établissement où il est soigné, sa femme, Gala (Hélène Dmitrovnie Diakonova).

crois qu'il y en a aussi quelques-unes dans des papiers. N'ouvre pas les lettres cachetées à garder.

Je voudrais aussi que tu fasses bien encadrer le portrait de Dostoïevski que Gala m'a envoyé, simplement en bois noir ou sombre (sans réduire les marges). Ça lui fera plaisir.

Il y a aussi un portrait de Gala en couleurs dans un livre relié bleu du deuxième Rayon : *La Musique et la Pantomime*[1]. Je voudrais un beau cadre. ça lui fera plaisir. Il y a un encadreur un peu avant la gare du Nord dans le faubourg Saint-Denis, en venant de chez nous.

Tu t'étonnes de mon linge, mais j'en ai relativement peu (serviettes par exemple, mains) et comme l'on se lave difficilement, je suis forcé, pour ne pas être trop sale d'en changer très souvent. Je viens encore d'en payer pour 27 sous, mais maintenant je vais me débrouiller autrement.

Aujourd'hui, il a fait très chaud. J'ai pu, pour la première fois, me laver dans un petit ruisseau, complètement ! Des Malgaches qui barbotaient dedans, nageant comme des poissons, la bouche ouverte, m'ont bien amusé…

J'écris un peu. J'ai fait un poème pour Fontaine[2] et d'autres petits. C'est bon signe. J'espère. Je me soigne bien. Je vais très bien.

1. *La Musique et la Pantomime* : ouvrage de Paul Hugonnet.
2. Fontaine : le premier poème du recueil *Le Devoir et l'Inquiétude* a pour titre « À Fernand Fontaine ». Celui-ci fut tué le 20 juin 1915.

Quelle jouissance d'être lavé et entièrement changé de linge. Le soleil m'a séché. L'eau était tiède et claire.

Non, les gros paquets sont retardés dans la gare régulatrice. Ils attendent qu'il y en ait quelques-uns car ici on reçoit très peu de gros paquets. Ils préfèrent les petits.

Soigne-toi bien, ma petite mère. Sois bien tranquille sur mon sort. J'ignore la fatigue maintenant.

Je vous embrasse bien fort toutes les deux.

Paul Eugène

Et mon lait concentré ? et tant de choses demandées ? Quand tu ne peux les envoyer, dis-le que je sache si tu as reçu mes lettres.

N'écris pas à Gala que je suis sur le front. Je lui ai expliqué à ma manière. Plains-toi de mes petites lettres.

Lettre d'Anne Frank, âgée de quatorze ans, à son amie imaginaire Kitty

Mardi 18 mai 1943

Chère Kit,

J'ai été spectatrice d'un combat aérien acharné entre avions allemands et anglais. Malheureusement, quelques alliés ont dû sauter de leur appareil en feu. Notre laitier, qui habite Halfweg, a vu quatre Canadiens assis au bord de la route, dont l'un parlait couramment hollandais. Il a demandé du feu au laitier pour sa cigarette et lui a raconté que l'équipage de leur appareil se composait de six personnes. Le pilote avait été brûlé vif et leur cinquième camarade s'était caché quelque part. La police en vert est venue chercher ces quatre hommes en parfaite santé. Comment est-il possible de garder une telle présence d'esprit après un aussi formidable saut en parachute !

Bien que la chaleur soit apparemment arrivée, nous sommes obligés d'allumer nos poêles un jour sur deux pour brûler nos épluchures de légumes et nos détritus. Nous ne pouvons rien jeter dans les poubelles : parce qu'il nous faut toujours compter avec la présence du magasinier. Une petite imprudence a si vite fait de vous trahir !

Tous les étudiants doivent signer une liste des autorités certifiant « qu'ils sympathisent avec tous les Allemands et sont favorables à l'ordre nouveau. » Quatre-vingts pour cent d'entre eux ont refusé de renier leur conscience et leur conviction, mais le résultat ne s'est pas fait attendre. Tous les étudiants qui n'ont pas signé doivent aller en camp de travail en Allemagne. Que restera-t-il de la jeunesse des Pays-Bas, si tous doivent aller trimer en Allemagne ?

Cette nuit, les détonations étaient trop fortes et Maman avait fermé la fenêtre ; j'étais dans le lit de Pim. Tout d'un coup, au-dessus de nos têtes, Madame bondit de son lit, comme si Muschi l'avait mordue, et aussitôt après un grand coup sec. À en juger par le bruit, on aurait pu croire qu'une bombe incendiaire était tombée à côté de mon lit. J'ai hurlé : « Lumière, lumière ! » Pim[1] a allumé la lampe. J'étais sûre qu'en quelques minutes, la pièce s'embraserait. Mais rien de tel ne s'est produit. Nous nous sommes jetés dans l'escalier pour aller voir ce qui se passait en haut. Monsieur et Madame avaient vu par la fenêtre une lueur rose. Monsieur pensait qu'il y avait un incendie dans le voisinage et Madame croyait que notre maison avait pris feu. Au coup qui avait suivi, Madame avait sauté sur

1. Pim : père d'Anne Frank. M. et Mme Van Daan et Dussel partagent l'appartement exigu et inconfortable, surnommé l'Annexe, dans lequel la famille Frank vit clandestinement pour échapper aux persécutions antisémites.

ses jambes flageolantes. Pendant que Dussel restait en haut pour fumer une cigarette, nous sommes retournés nous coucher. Il s'était à peine écoulé un quart d'heure que les tirs recommençaient. Madame se leva à l'instant même et descendit dans la chambre de Dussel pour y trouver le calme qui lui était refusé auprès de son époux. Dussel l'accueillit en ces termes : « Venez dans mon lit, mon enfant ! » Ce qui nous a fait rire aux larmes. Nous avions oublié la canonnade, notre peur était comme effacée.

Bien à toi,

Anne

Demain

Émile Zola, âgé de vingt ans, à son ami d'enfance Paul Cézanne

Paris, 13 juin 1860

Mon cher Paul,

[...] Tu relis quelquefois mes anciennes lettres, me dis-tu. C'est un plaisir que je me paie souvent. J'ai gardé toutes les tiennes ; ce sont là mes souvenirs de jeunesse. – Faut-il que l'homme soit misérable ! Toujours désirer, toujours regretter, toujours vouloir devancer l'avenir, puis chaque fois que le regard se porte vers le passé, toujours verser des pleurs amers. Quels pauvres animaux que nous ; ne pas savoir profiter de la minute présente, la gâter par un désir ou par un regret. Vraiment, je serais tenté de me dresser vers le ciel et de crier à Dieu : « Dis-moi pourquoi nous as-tu pétris d'une argile si immonde ? Pourquoi as-tu enfermé ton souffle divin dans une si ignoble prison que les parois ont souillé la céleste prisonnière ? » Certes, ce n'est pas à propos de tes lettres que je pousserais ce cri. Quand je les relis, si je regrette le temps passé, c'est un regret exempt de larmes ; au contraire, je suis heureux pour un quart d'heure, je nous revois plus jeunes, réunis et joyeux. Puis je pense au futur, je me demande si ce bon temps ne reviendra pas, et j'espère. Et pourquoi n'aurais-je pas d'espérance ? Ne sommes-nous pas jeunes encore, plein de rêves, à peine au début de la vie. Tiens, laissons les souvenirs et les regrets aux vieillards ; c'est leur trésor à eux, c'est le livre du passé qu'ils feuillettent d'une main tremblante, s'attendrissant à chaque page. Et, puisque nous ne saurions jouir du présent, à nous l'avenir, ce bel avenir inconnu que nous pouvons embellir des plus riches couleurs. Espérons, mon bon vieux, espérons d'être réunis un jour, de jouir d'une sainte liberté, et de marcher en riant jusqu'à ce que nos pieds se heurtent contre la pierre d'un tombeau. [...]

Parle-moi, parle-moi de tout : je suis avide de nouvelles. Toi qui ne regardes jamais pour toi, regardes un peu pour moi, puis tu me conteras tout ce que tu as vu. – Une dernière question : « Ta barbe, comment la portes-tu ? »

Mes respects à tes parents. – Je te serre la main.

Ton ami,

Émile Zola

Que sont devenus ces auteurs ?

Marcel Aymé (1902-1967)
L'enfant qui commandait « une boîte de compas » à sa sœur Suzon pour Noël consacre sa vie à la littérature. *Les Contes du chat perché* le rendent célèbre de son vivant.

Honoré de Balzac (1799-1850)
Les relations complices et affectueuses avec Laure, sa sœur, ont nourri les échanges épistolaires de cet écrivain, dramaturge, critique d'art, essayiste et journaliste. Il est l'auteur de *La Comédie humaine* réunissant quatre-vingt-onze romans.

Charles Baudelaire (1821-1867)
Le jeune homme considérait sa mère comme la meilleure des femmes tout en entretenant des relations difficiles avec elle. Il est l'auteur des *Fleurs du mal*.

Jean Cocteau (1889-1963)
Enfant, il écrivait des lettres à sa mère pour

combler le vide de son absence. Il choisit très tôt de consacrer sa vie à la poésie, au dessin, au théâtre et au cinéma. Il est l'auteur des *Enfants terribles* et est élu à l'Académie française le 3 mars 1955.

Paul Éluard (1895-1952)
De son vrai nom Eugène Émile Paul Grindel, l'auteur de *Liberté* demandait déjà à sa « petite mère » à l'âge de vingt ans de bien vouloir accueillir celle qui deviendrait sa muse et sa première femme : Gala.

Gustave Flaubert (1821-1880)
Ce jeune homme qui écrivait en classe à son ami Ernest pour échapper à l'ennui est l'auteur de *Madame Bovary* et de *L'Éducation sentimentale*, deux romans considérés comme des chefs-d'œuvre de notre littérature.

Anne Frank (1929-1945)
Cette jeune fille juive allemande se confiait à son journal intime à Amsterdam alors qu'elle était obligée de vivre cachée avec sa famille dans des bureaux pour échapper à la Gestapo. Elle mourut en déportation à l'âge de seize ans.

Sigmund Freud (1856-1939)
Jeune homme, il écrivait à un ami : « Le bac est mort, vive le bac. » Il a entretenu au cours de ses

années d'adolescence une correspondance avec deux de ses amis, Eduard Silberstein et Emil Fluss sans savoir qu'il deviendrait le fondateur de la psychanalyse, méthode d'exploration des conflits inconscients du patient.

André Gide (1869-1951)
Le jeune homme qui confiait à son ami Pierre Louÿs préférer « laisser paisiblement dormir ses livres de classe » est l'auteur des *Faux-Monnayeurs*. Prix Nobel de littérature (1947), il consacre sa vie à l'écriture.

Victor Hugo (1802-1885)
Enfant, il écrivait des lettres bouleversantes à sa mère dont il était séparé et les signait « votre fils respectueux et dévoué ». Il devient romancier, poète et dramaturge à la fois. Cet écrivain engagé marque l'histoire du XIXe siècle. Élu à l'Académie française, il a œuvré toute sa vie pour l'abolition de la peine de mort, sujet d'un de ses livres les plus célèbres : *Le Dernier Jour d'un condamné*.

Stéphane Mallarmé (1842-1898)
Le jeune homme qui fréquentait les sorties du lycée pour admirer la jeune fille dont il était tombé amoureux ignorait qu'une de ses œuvres, *Un coup de dés jamais n'abolira le hasard*, publiée après sa mort, le rendrait célèbre.

Guy de Maupassant (1850-1893)
Dans une lettre adressée à Flaubert, celui qui s'excusait de son griffonnage est l'auteur de trois cents nouvelles et de six romans, dont les plus célèbres sont *Une vie* et *Bel-Ami*.

Marcel Proust (1871-1922)
Atteint d'un asthme sévère, l'enfant qui avouait sa gourmandise à sa grand-mère devient l'auteur de l'une des plus grandes fresques littéraires de son temps : *À la recherche du temps perdu*.

Jules Renard (1864-1910)
Jeune homme, il déclarait à l'âge de dix-sept ans que « le monde n'est qu'une illusion ». *Poil de carotte*, roman de l'enfance malheureuse, se nourrit de ses relations difficiles avec sa mère.

Arthur Rimbaud (1854-1891)
Alors que ses premiers vers sont composés à l'âge de quinze ans, Rimbaud abandonne l'écriture après avoir terminé son recueil des *Illuminations* en 1875 pour mener une vie aventureuse en Égypte et en Éthiopie.

George Sand (1804-1876)
Aurore Dupin exprimait dans ses lettres de jeunesse son inquiétude pour sa mère mais en profitait aussi pour se disputer avec elle. Elle est l'auteure,

entre autres, de *La Mare au diable* et de *La Petite Fadette*. Son choix d'une vie très libre (jugé scandaleux à cette époque) comme son œuvre romanesque l'ont rendue célèbre.

Mme de Staël (1766-1817)
Germaine Necker, enfant, écrivait des lettres pour dire son impatience de voir sa mère. Devenue adulte, elle est l'auteure de deux romans, *Delphine* et *Corinne*, et connaît l'exil après avoir réuni dans son salon littéraire de nombreux écrivains.

Stendhal (1783-1842)
Stendhal, de son vrai nom Henry Beyle, entretenait une abondante correspondance avec sa jeune sœur Pauline, sa confidente. Son roman le plus célèbre est *Le Rouge et le Noir*.

Jacques Vaché (1895-1919)
Mort très jeune, cet écrivain laisse derrière lui une correspondance publiée à titre posthume par André Breton : *Lettres de guerre*.

Paul Verlaine (1844-1896)
À l'âge de quatorze ans, en classe de quatrième, cet adolescent dédiait à Victor Hugo ses premiers vers. Son goût pour la poésie ne quitte plus l'écrivain qui publie à l'âge de vingt-deux ans les *Poèmes*

saturniens, premier recueil dans lequel le jeune homme tente d'échapper à son mal de vivre.

Émile Zola (1840-1902)
À vingt ans, alors qu'il écrivait à son ami Paul Cézanne pour partager avec lui toutes ses espérances, il ne savait pas qu'il deviendrait l'auteur d'une fresque romanesque, *Les Rougon-Macquart*, constituée d'une vingtaine de romans racontant le destin d'une famille sur cinq générations.

Carnet de lecture

Une brève histoire des lettres

Dès le IIIe millénaire av. J.-C., les rapports administratifs, les correspondances royales, ou même, en Mésopotamie, les lettres adressées aux dieux sont patiemment gravés sur des tablettes d'argile ou sur du papyrus. De la Mésopotamie à l'Égypte, ces échanges épistolaires évoluent peu à peu pour remplir des fonctions politiques, diplomatiques, religieuses ou commerciales.

Le courrier dans l'Antiquité

Dès l'Antiquité, on écrit des lettres, qu'elles soient officielles ou privées. Sans jouer un grand rôle dans la vie de la cité, la lettre sert alors surtout à transmettre des informations personnelles ou publiques. L'expansion de l'Empire romain favorise dans le monde latin le développement de l'échange épistolaire qui reste essentiellement la pratique de quelques privilégiés. En effet, des auteurs soucieux d'exercer leurs talents d'artiste et d'exprimer leurs réflexions philosophiques y voient un bon moyen d'entretenir une conversation avec un être absent : « *Comme serait ma conversation, si nous étions assis ensemble ou si nous nous promenions ensemble – spontanée et simple* – ; *voilà comme je voudrais que mes lettres soient*», écrit à l'un de ses amis Sénèque, philosophe et dramaturge du Ier siècle de l'ère chrétienne.

Au Ier siècle av. J.-C., une invention de l'empereur Auguste à Rome facilite l'acheminement des correspondances, difficile à cette époque. Le *cursus publicus*, constitué d'un réseau d'écuries et de gîtes d'étape, assure le repos des cavaliers ou des conducteurs de charrette responsables de l'acheminement du courrier. Les gens fortunés, eux, écrivent leurs messages sur des ardoises qu'ils confient à des porteurs chargés de les transmettre à leurs destinataires.

Première correspondance littéraire

Au Moyen Âge, la disparition de la poste conçue par les Romains explique certainement la réduction de la pratique épistolaire. Les lettres diplomatiques sont les écrits les plus nombreux. Les clercs au service de rois ou de princes de l'Église les rédigent tandis que des serviteurs les font parvenir à leurs destinataires.

Pourtant, au XIIe siècle, ce sont des lettres qui constituent une des principales œuvres littéraires de l'époque : la correspondance d'Abélard et d'Héloïse. Elle raconte comme un roman la dramatique passion amoureuse d'un professeur de philosophie et de théologie, Abélard, pour son élève, la belle Héloïse. Malheureusement, cet amour est découvert par l'oncle de la jeune fille enceinte, qui le condamne aussitôt. Même en se mariant secrètement, et malgré la naissance d'un fils, Abélard n'échappe pas à la terrible vengeance de cet homme furieux et déshonoré. Séparés, les amoureux choisissent de se consacrer à la vie religieuse tout en poursuivant leurs relations épistolaires jusqu'à la fin de leurs jours.

Hommes et femmes de lettres

La fin du XVIe siècle voit la noblesse et la bourgeoisie accéder à la culture écrite. L'usage du papier permet aux échanges épistolaires de se diversifier et de se multiplier. Une poste semblable à celle imaginée par les Romains établit des liaisons entre Paris et la province. Des relais sont installés toutes les sept lieues (environ vingt-cinq kilomètres) assurant un acheminement du courrier plus régulier.

Les lettres administratives ou officielles, très codifiées, se distinguent des écrits privés au contenu plus familier. La communication, facilitée par un réseau postal de plus en plus dense, devient plus régulière et plus rapide. Au XVIIe siècle, par exemple, les lettres sont transportées trois fois par semaine de Paris vers la province et deux fois par semaine en retour par des personnes appelées « courriers » ou « ordinaires ».

Parallèlement, la relation épistolaire devient un mode d'expression très apprécié dans les milieux intellectuels qui la considèrent comme une occasion de poursuivre les discussions des salons dans lesquels ils se réunissent. On prend même plaisir à lire en groupe ces lettres aux sujets variés : intrigues de la cour, grandes affaires judiciaires ou simplement informations ou commentaires sur les actualités culturelles. La correspondance de Mme de Sévigné (qui ne songeait pas à sa publication) en est un exemple remarquable. Publiées trente ans après sa mort, en 1725, ces lettres ont révélé une richesse et une sensibilité qui les ont inscrites peu à peu dans notre patrimoine littéraire. Écrites par une mère tout occupée à tisser des liens indéfectibles avec sa fille, elles constituent également un témoignage de son époque.

Enfin, certains philosophes des Lumières comme Voltaire ou Diderot, au XVIIIe siècle, s'approprient la lettre pour défendre leurs idéaux, demandant parfois la protection de quelque personnalité puissante et influente. Le roman épistolaire, genre très apprécié, est un prétexte aux débats d'idées tout en échappant à la censure. Montesquieu, par exemple, dans *Les Lettres persanes* (1721) nous donne à lire un échange fictif entre deux voyageurs persans et leurs amis restés en Perse. Cette correspondance imaginaire est pour lui l'occasion de critiquer la monarchie absolue et de souligner le ridicule de certaines coutumes françaises.

De la lettre à l'e-mail

L'histoire de la lettre et de ses transformations est indissociable de l'évolution des progrès technologiques. La poste aérienne par ballons, les pigeons voyageurs, le métier de facteur, le premier timbre-poste de vingt centimes ont joué un rôle essentiel pour faciliter et accroître les échanges épistolaires.

C'est ainsi qu'au XIXe siècle, de nombreux artistes et écrivains correspondent régulièrement, prenant plaisir à détailler leur vie quotidienne et leurs états d'âme. Ils peuvent également choisir ce mode de communication pour développer de longues réflexions sur l'actualité artistique ou sur leur propre création et n'hésitent pas à contribuer au débat public en publiant des lettres ouvertes dans une presse en plein essor. Ainsi, le 13 janvier 1898, en première page du journal *L'Aurore*, paraît la célèbre lettre ouverte d'Émile Zola, « J'accuse… ! ». S'adressant au président de la République, l'écrivain prend la défense du capitaine Dreyfus, injustement accusé de haute trahison, et tente de démontrer l'erreur judiciaire.

La forme et le contenu des échanges épistolaires se modifient radicalement au cours du XXe siècle marqué par l'accélération des moyens de transport et de communication modernes. Les premiers courriers électroniques transmis par Internet abolissent définitivement les distances géographiques, installant la correspondance dans l'immédiateté et l'immatérialité. La forme de ces relations épistolaires s'apparente le plus généralement à une conversation par écrit. Les messages sont plus courts, écrits souvent rapidement et sans relecture ; les règles de la syntaxe et de l'orthographe en sont bousculées !

Petit inventaire des lettres

Rappeler les règles de présentation de la lettre en vigueur depuis des siècles à l'heure où l'informatique et l'Internet bouleversent tous les cadres peut paraître désuet. Pourtant, la mise en page d'un e-mail (on dit aussi « courriel ») reprend certains éléments indispensables de la lettre pour les mettre en valeur. Ainsi, le nom de l'émetteur et celui du destinataire sont clairement affichés comme l'objet de l'écrit. Le message continue d'obéir aux règles de l'échange courtois en étant introduit par une formule de politesse. Celle-ci varie selon la nature des relations entretenues par les correspondants, qu'elles soient administratives, amicales ou fraternelles. La signature demeure indispensable à la fin de chaque lettre.

La lettre officielle

À notre époque, la forme des lettres officielles s'inscrit dans une tradition héritée du XVIIe siècle. Le vouvoiement est de rigueur pour marquer à la fois la distance et le respect dus à la personne à qui l'on s'adresse. Le ton des propos tenus dans le courrier, le plus neutre possible, souligne la fonction essentielle de ce genre d'écrits : transmettre des informations. Les marques de subjectivité sont réservées à certaines lettres où il est question de promesse, de demande ou de félicitations. Enfin, l'adresse administrative et la formule de politesse expriment les égards dus au destinataire.

La lettre privée

Plus quotidiens, plus spontanés sont les échanges de lettres privées dans le cadre familial ou amical. Ces écrits sont l'occasion de se raconter, de raconter ou d'expliquer à l'absent ce que l'on a envie de partager. Tous les procédés sont bons pour provoquer les réactions de son lecteur en retour. Le ton est léger, le niveau de langue plus familier, comme pour instaurer un début de dialogue. Les nombreuses marques de subjectivité, interjections, ponctuation servent à exprimer des sentiments ou des idées. La correspondance privée, qui permet de prendre le temps de la réflexion, est propice à des débats parfois passionnés !

La lettre ouverte

Les progrès techniques au XIXe siècle ont permis une diffusion plus large de la presse devenue support essentiel du débat public. Pour s'adresser au plus grand nombre, l'auteur engagé interpelle dans sa lettre ouverte une seule ou plusieurs personnes. Son principal objectif est d'alerter ses contemporains sur une cause qu'il défend ou sur des injustices qu'il dénonce. Les arguments sont longuement développés et les exemples choisis pour émouvoir ou persuader les destinataires. Le ton polémique souligne la détermination, les croyances et les convictions de l'auteur de la lettre ouverte, largement utilisée aujourd'hui par des écrivains, certes, mais également par des hommes politiques ou des spécialistes de tous les domaines.

La lettre de fiction

La lettre de fiction ressemble en tout point à la lettre réelle, mais elle est imaginée par l'écrivain et rédigée par un personnage. Elle acquiert alors une fonction romanesque, comme dans *La Lettre volée* (1845), nouvelle d'Edgar Poe où le vol d'un écrit de la plus haute importance est l'occasion d'une nouvelle enquête du célèbre détective Dupin.

Enfin, le roman épistolaire, constitué d'un véritable échange de lettres entre personnages de fiction, donne l'impression au lecteur d'être spectateur de l'élaboration romanesque. C'est le cas dans *Inconnu à cette adresse* (1938) de Kathrine Kressmann Taylor, où la correspondance devient une arme redoutable dont Max, l'un des protagonistes, se sert pour se venger de la trahison de son ami.

Pourquoi lire la correspondance d'un écrivain ?

Aucun écrivain ne rédige une lettre privée en pensant la rendre publique plus tard. Parfois, certains auteurs choisissent de publier de leur vivant des extraits de leur correspondance à des fins précises ; mais le plus souvent, ce sont les héritiers qui décident de mettre à la disposition des lecteurs l'ensemble ou une partie des écrits intimes. Des spécialistes vont alors rassembler, classer et commenter les lettres en vue de leur publication.

Notre époque connaît un certain engouement pour la lecture de ces correspondances. Curiosité pour la figure de l'écrivain ou recherche d'informations illustrant son œuvre ? Plusieurs raisons peuvent expliquer cet élan vers la lecture d'un genre un peu particulier.

Prolonger la lecture de l'œuvre

La lecture de l'œuvre d'un écrivain provoque parfois l'envie d'en savoir plus : dans quel contexte historique a été écrit tel roman ou tel poème ? Quels sont les rapports de l'écrivain à ses personnages, à son œuvre ou à son époque ?

Les correspondances d'auteurs contribuent donc à enrichir la lecture en illustrant le contexte dans lequel a été produite l'œuvre. Pour autant, il ne s'agit pas de les confondre avec des ouvrages documentaires comme des biographies par exemple. En effet, derrière les informations véhiculées par une lettre se cache tout un monde d'émotions, de sentiments, d'espérances. « *Mais, seul, le canon est insupportable. Quand il est en furie, c'est très pénible de se sentir à l'abri, tandis que d'autres, si près, se font massacrer.* » Ces quelques lignes adressées à sa mère par le jeune Paul Éluard, mobilisé comme infirmier au cours de la Première Guerre mondiale, en sont une illustration. Elles éclairent l'idéal pacifiste défendu toute une vie par le poète traumatisé, mais elles nous confrontent aussi à la sensibilité du jeune homme marqué à jamais par cette épreuve de la Grande Guerre.

L'arrière-plan historique n'est pas le seul centre d'intérêt de ces correspondances. Leur lecture rend plus humaine, plus vivante, plus sensible la chronologie littéraire. Les relations épistolaires des artistes entre eux sont plus frappantes que des écrits documentaires. Comment ne pas être impressionné par ces lettres de jeunes auteurs envoyées à leurs « maîtres » ? La reconnaissance éternelle de Baudelaire, étudiant, pour Victor Hugo, en est un exemple : la création artistique se nourrit d'autres œuvres artistiques, de modèles, de coups de cœur. Que dire du poème *La Mort* écrit par un enfant âgé de quatorze ans, Verlaine, qui s'adresse en ces termes à Victor Hugo : « *Pardonnez-moi si je prends la liberté de vous dédier des vers* » ? Cette reconnaissance d'« *un maître habile* », d'un « *héros* » signale au lecteur l'importance de l'influence littéraire du chef de l'école romantique.

Enfin, le contenu de ces lettres révèle que le travail de l'écrivain peut aussi obéir à des préoccupations matérielles. « *Cinq cents francs par mois font six mille francs par an, et, pour les gagner, il ne s'agit que de faire un chapitre tous les matins.* » Qui aurait imaginé qu'un auteur aussi célèbre que Balzac puisse se livrer à ces petits calculs ?

Découvrir l'intimité d'un auteur

L'intérêt autobiographique explique incontestablement l'enthousiasme des lecteurs de notre époque pour ce genre d'écrits. Découvrir un pan de la vie privée d'un auteur dont on ne connaît que les œuvres romanesques ou poétiques est toujours un moment privilégié pour celui qui est fasciné par les talents artistiques d'un écrivain.

« *Nous sommes aux mois d'amour ; j'ai presque dix-sept ans, l'âge des espérances et des chimères, comme on dit* », écrit Arthur Rimbaud à Théodore de Banville, un poète à qui il adresse ses premiers vers. Cette première phrase de sa lettre fait écho de manière saisissante au vers célèbre de son poème *Roman* : « *On n'est pas sérieux quand on a dix-sept ans.* »

Passion, curiosité et sensibilité ne sont pas réservées à la création poétique. La lecture de cet écrit spontané, comme le reflet d'un miroir, dévoile le portrait sensible de l'adolescent en proie à des émotions qu'il nomme « ces choses des poètes ».

Ces correspondances permettent d'aller à la rencontre de la personne dissimulée derrière ses écrits. Quelle émotion de découvrir de grands auteurs aux prises avec leur quotidien ! Problèmes d'argent, disputes de jeunes amoureux ou difficiles relations familiales : nous voilà plongés au cœur de l'histoire personnelle de ces hommes et de ces femmes qui ignoraient, pour la plupart, que leurs lettres seraient publiées un jour.

Se plonger dans l'univers de la création

La curiosité est donc bien la principale motivation du lecteur de correspondances. Peu à peu, l'écrivain devient le personnage principal de son propre récit élaboré par l'accumulation des lettres qui forment un univers ancré dans la réalité. L'évocation du contexte historique, l'évolution de la personnalité de l'auteur, la description de l'entourage familier de l'artiste et le récit de quelques événements installent le lecteur dans un univers qui se construit comme une œuvre littéraire. La subjectivité de ces écrits, les points de vue sur la réflexion artistique qui sont longuement développés dans certaines lettres contribuent à donner à ces correspondances le statut de genre littéraire.

Avec émotion, on voit se dessiner la figure de l'écrivain dans une lettre de Marcel Proust adressée à son grand-père : « *Il paraît que mon style a le malheur de déplaire à tout le monde. Puisque le genre sublime ne me va pas, j'essaierai du bourgeois.* »

À peine quinze ans et déjà plongé dans l'expérience de l'écriture ! La lettre devient un lieu d'expérimentation qui révèle au public le talent parfois très tôt affirmé de maîtriser, de travailler, de malmener la langue.

Accaparé par l'élégance du style et la force de l'expression dont font preuve certaines lettres, le lecteur en oublie presque la réalité des événements relatés. Il peut même se laisser surprendre par des émotions, des interrogations qui le placent ainsi au cœur d'un univers littéraire, comme le souligne Stendhal s'adressant à sa sœur : « *Plus on creuse avant dans son âme, plus on ose exprimer une pensée plus secrète, plus on tremble lorsqu'elle est écrite : elle paraît étrange et c'est cette étrangeté qui fait son mérite.* »

Lettre après lettre, naissance de l'écrivain

Qui, un jour, a imaginé des enfants ou des adolescents derrière les noms d'écrivains célèbres comme Victor Hugo ou Balzac ? Leurs écrits renfermaient-ils déjà le secret de leur génie ? Quelles émotions, quelles interrogations, quels rêves ou quelles désillusions avaient-ils en commun ?

Constituer un florilège de lettres de jeunesse, c'est rechercher dans les premières années de ces auteurs des voix insouciantes, authentiques, de jeunes enfants ou d'adolescents qui résonnent entre elles tout en faisant écho à notre propre enfance. Lettre après lettre, au-delà des époques et des individus, le portrait intemporel d'une étape fondamentale de la vie se révèle : celle qui nous fait passer de l'enfance à l'âge adulte.

L'insouciance des premières années

Personne n'oubliera jamais ni le plaisir ni le pouvoir des premiers mots écrits maladroitement sur un bout de papier ou sur une feuille blanche adressés à celui qui vous manque pour partager avec lui le présent.

Ces premières émotions se retrouvent dès les premières lettres de cette anthologie. Naïfs et spontanés, ces enfants éloignés de leurs parents se servent de leur découverte de l'écriture pour exprimer leur attachement indéfectible. Aucune limite, pas d'inhibition, la lettre est un moyen de communiquer et les codes de la langue écrite viendront plus tard. Tout lecteur est attendri par ces fautes d'orthographe (que nous avons choisi de conserver) ou ces phrases maladroites, résultat d'un long et lent travail de débutant. Que de temps passé pour adresser quelques lignes à celui ou à celle dont on est séparé ! On imagine la concentration nécessaire pour que la magie de l'écriture opère : rendre présent l'être absent. « *Oh oui, chère maman,* [...] *je meurs d'impatience de te voir ici. Mon Dieu ! Comme tu es inquiète de moi ! Rassure-toi chère petite maman* », écrit George Sand à sa mère. Tout en annulant les distances, l'enfant dit l'envie de retrouver physiquement celui ou celle à qui il adresse la lettre, désir exprimé par les répétitions ou des expressions appartenant plutôt à la langue orale.

À peine le message transmis, commence l'attente impatiente de la réponse qui entamera le dialogue. La lettre permet à l'enfant de mesurer le pouvoir qu'il exerce sur les autres : « *Je voi approcher Noël n'ayant pas son adresse tu voudras bien lui adresser ma lettre que s'il veut bien m'apporter ce que je voudrais* », ordonne le jeune Marcel Aymé à sa « *cher petite Suzanne* ».

Le temps des apprentissages

Quelles que soient les époques, le rapport au temps est au centre des préoccupations de celui qui écrit. Pour nous, lecteurs contemporains installés dans l'immédiateté créée par l'outil Internet, il est difficile d'imaginer cette relation épistolaire comme un dialogue étiré dans le temps. Des jours, voire des semaines séparent les lettres de chacun. Ainsi l'écrit se met-il au service de l'expression des sentiments, de la réflexion, pour attirer l'attention sur soi et devient également un outil de mesure des états d'âme de l'autre. Les mots se font plus précis, plus incisifs, afin de décrire les bouleversements qui accompagnent toute évolution de la personnalité. Tout en réaffirmant leur attachement affectif pour leur famille, ces adolescents prennent aussi leur plume pour manifester leurs désaccords.

Le temps de l'absence est aussi le temps des apprentissages, des premières expériences. Les émotions provoquées par la confrontation du cercle familial au monde extérieur commencent à apparaître dans la correspondance. Ainsi la lettre libère la parole. À demi-mot sont évoquées la culpabilité d'éprouver des sentiments d'amitié, d'amour, pour d'autres que ses parents, les premières transgressions ou les premières réflexions philosophiques ou poétiques. « *Je suis en ce moment en proie à un sentiment très complexe et que j'ai un peu honte d'analyser* », avoue Marcel Proust à sa grand-mère pour lui dire à la fois sa satisfaction et sa tristesse d'être éloigné d'elle.

L'affirmation de soi

Après avoir élargi son univers, l'adolescent s'affirme et se construit en se confrontant à l'adulte. La lettre crée le lieu de la dispute inévitable. « *Vous me reprochez aussi, ma mère, de n'avoir ni timidité, ni modestie, ni douceur, ou du moins si vous supposez que j'ai intérieurement ces qualités, vous êtes certaine que je ne les ai point à l'extérieur et que je n'ai ni décence ni tenue ; pour me juger ainsi il faudrait me connaître...* », se rebelle George Sand. Pas facile de se comprendre à distance, d'avouer par écrit la transgression des interdits.

Incompris de la famille, certains se tournent vers leurs amis pour exprimer avec leurs mots la naissance de leurs passions qui semblent les enthousiasmer en même temps qu'elles les surprennent. L'écrit devient une exploration de soi tout en invitant l'autre à partager cette expérience et à donner des conseils.

L'amour et l'amitié sont deux préoccupations essentielles qui envahissent ces échanges épistolaires. Le cercle familial s'éloigne peu à peu. Les thèmes de ces correspondances se diversifient. Vient le temps des premières expériences artistiques : à qui se confier ? Pour les uns aux amis, pour les autres à leur mentor : « [...] *à qui pourrais-je mieux qu'à vous, monsieur, confier les premiers pas d'un élève de quatrième, âgé d'un peu plus de quatorze ans, dans l'orageuse carrière de la poésie ?* » écrit Verlaine à Victor Hugo alors qu'il n'a que quatorze ans.

Peu à peu les préoccupations du quotidien font place à l'expression d'une détermination qui annonce la fin de l'adolescence. Le thème de la création artistique constitue un enjeu important. L'héritage des modèles est revendiqué et l'affirmation des choix est sans ambiguïté. Le ton des lettres écrites par ces jeunes écrivains attirés par le milieu littéraire se fait plus enthousiaste ou plus inquiet selon l'enjeu de la correspondance. Sans bruit, ces adolescents entrent dans le monde adulte, se posant alors la question de leur avenir, de leur place dans la société, bien décidés à pratiquer leur art.

Table

Crédits des lettres

Retrouvez
d'autres textes classiques

dans la collection

folio junior

Vendredi ou la vie sauvage

Michel Tournier

n° 445

Le 29 septembre 1759, le navire *La Virginie* fait naufrage. Seul rescapé, Robinson échoue sur une île déserte où il tente de survivre à une nature hostile en déployant des trésors d'ingéniosité. Mais son existence solitaire bascule le jour où un autre être humain fait son apparition sur l'île : Vendredi, le sauvage...

Cyrano de Bergerac

Edmond Rostand

n° 515

Escrimeur et poète accompli, Cyrano de Bergerac ne manque pas de panache. Il n'a qu'un défaut : son nez, aussi grand qu'un monument !
Comment, affublé d'un nez pareil, avouer à Roxane, sa cousine, l'amour qu'il a pour elle ? Quand celle-ci s'éprend de Christian, jeune homme séduisant mais sans esprit, Cyrano fait à son rival une incroyable proposition : il lui prêtera ses mots pour faire la cour à la belle...
Un chef-d'œuvre de virtuosité en version abrégée.

Les Trois Mousquetaires

Alexandre Dumas

n° 1563

Le jeune d'Artagnan, gentilhomme fougueux et téméraire, rêve de devenir mousquetaire du roi. Dès son arrivée à Paris, il est plongé au cœur d'un terrible complot contre la reine, ourdi par le cardinal de Richelieu. Duels, traquenards, enlèvements : le danger menace à chaque instant. Mais d'Artagnan peut compter sur ses nouveaux amis, Athos, Porthos et Aramis. Tous pour un, un pour tous !
Un grand roman d'aventures dans une version abrégée.

L'appel de la forêt

Jack London

n° 1584

Enlevé à l'affection de son maître, Buck devient chien de traîneau dans le Grand Nord. Il découvre la cruauté des hommes et la rude loi de l'attelage. Sa vie n'est plus qu'une course interminable entrecoupée de combats de chiens. Un nouveau maître parvient à gagner sa confiance et son affection, mais son instinct sauvage se réveille... Buck pourra-t-il résister à l'appel de la forêt ?

Les Misérables 1. Cosette

Victor Hugo

n° 1585

Qui est vraiment l'étrange M. Madeleine, le nouveau maire de Montreuil-sur-Mer ? Un homme de bien ou un criminel en fuite ? Traqué sans relâche par l'inspecteur Javert, M. Madeleine parviendra-t-il à tenir sa promesse : sauver Cosette des griffes des Thénardier, un couple d'aubergistes cruels qui exploite la pauvre enfant ?
Présenté en version abrégée, le premier tome d'un grand roman aux personnages inoubliables.

Les Misérables 2. Gavroche

Victor Hugo

n° 1590

Quelle est cette jeune fille mystérieuse dont Marius, un étudiant, est tombé amoureux ? Et qui est cet homme aux cheveux blancs qui veille sur elle et semble se cacher de la police ? Seul Gavroche, le gamin des rues au cœur tendre, paraît détenir la clef de l'énigme. Pendant ce temps, la révolte gronde à Paris et les premiers combattants prennent place sur les barricades...
Après *Cosette*, le second tome en version abrégée d'un grand roman aux personnages inoubliables.

Trois histoires fantastiques du XIXe siècle

Maupassant, Mérimée, Gautier

n° 1605

Un homme hanté par un double invisible... Une statue maléfique qui tue par jalousie... Un voyageur amoureux du fantôme d'une jeune femme... Quand nos peurs troublent notre raison, comment distinguer le rêve du réel ?
Le Horla, *La Vénus d'Ille* et *La Cafetière*, trois chefs-d'œuvre de la littérature fantastique du XIXe siècle réunis en un seul volume.

Le comte de Monte-Cristo

Alexandre Dumas

n° 1606

Edmond Dantès, un jeune marin, doit épouser la belle Mercédès. Accusé à tort de complot contre le roi, il est enfermé dans la terrible prison du château d'If. Quatorze ans plus tard, il parvient à s'évader avec la complicité de l'abbé Faria qui lui lègue une immense fortune. Devenu le comte de Monte-Cristo, Edmond n'a plus qu'une obsession : tisser les fils d'une implacable vengeance.
Un chef-d'œuvre d'Alexandre Dumas en version abrégée.

L'Homme qui rit

Victor Hugo

n° 1660

Gwynplaine a la bouche fendue jusqu'aux oreilles par une horrible cicatrice. C'est l'œuvre des comprachicos, des trafiquants d'enfants à qui il a été vendu. Recueilli par un saltimbanque avec la petite Dea, une orpheline aveugle, il devient la vedette de spectacles ambulants. Quand il découvre l'incroyable vérité sur sa naissance, le destin de « l'Homme qui rit » bascule... Saura-t-il rester fidèle à ceux qui l'aiment pour ce qu'il est vraiment ?
Un héros saisissant, une œuvre puissante proposée en version abrégée.

Le capitaine Fracasse

Théophile Gautier

n° 1690

Le baron de Sigognac mène une vie solitaire dans son manoir en ruine. Une nuit, il y accueille une troupe de comédiens ambulants et décide de tout quitter pour les beaux yeux d'Isabelle. Sous le nom de capitaine Fracasse, il part à l'aventure sur les routes de France. Duels, traquenards, enlèvement : le jeune homme n'a plus le temps de s'ennuyer !
Un grand classique du roman de cape et d'épée en version abrégée.

La parure et autres contes cruels

Guy de Maupassant

n° 1705

Un collier de diamants qui change une vie en cauchemar… Un lâche terrorisé par un duel qu'il a lui-même provoqué… Un vieux cheval maltraité par un domestique… Un couple qui n'hésite pas à acheter un enfant… Un vieillard qui ne se décide pas à mourir…

L'ami retrouve

Fred Uhlman

n° 1706

1932, en Allemagne. Hans, fils d'un médecin juif, rencontre Conrad, issu d'une famille aristocratique et protestante. Une amitié naît entre ces deux garçons que rien ne semblait devoir réunir. Mais le nazisme qui monte répand son poison dans les esprits, et une barrière se dresse peu à peu entre Hans et Conrad…

Le papier de cet ouvrage est composé de fibres naturelles, renouvelables, recyclables et fabriquées à partir de bois provenant de forêts gérées durablement.

Mise en pages : Maryline Gatepaille

Loi n° 49-956 du 16 juillet 1949
sur les publications destinées à la jeunesse
ISBN : 978-2-07-065887-9
Numéro d'édition : 262705
Dépôt légal : mars 2015

Imprimé en Espagne chez Novoprint (Barcelone)